跳上新幹線
這樣玩日本才對
25個城市與60個便當的味蕾旅行

朱尚懌(Sunny)　文字
熊明德（大麥可）　攝影

U0084462

跳上新幹線
這樣玩日本才對
◎25個城市與60個便當的味蕾旅行

作　　者　朱尚懌(Sunny)
攝　　影　熊明德（大麥可）

發 行 人　程顯灝
總 編 輯　呂增娣
主　　編　李瓊絲
主　　編　及若琦
編　　輯　吳孟蓉、程郁庭、許雅眉
編輯助理　張雅茹
特約編輯　徐詩淵
美術設計　潘大智
地圖插畫　蔣小欣
行銷企劃　謝儀方
出 版 者　四塊玉文創有限公司

總 代 理　三友圖書有限公司
地　　址　106 台北市安和路 2 段 213 號
4 樓
電　　話　(02) 2377-4155
傳　　真　(02) 2377-4355
E － mail　service@sanyau.com.tw
郵政劃撥　05844889 三友圖書有限公司

總 經 銷　大和書報圖書股份有限公司
地　　址　新北市新莊區五工五路 2 號
電　　話　(02) 8990-2588
傳　　真　(02) 2299-7900

初　　版　2014 年 5 月
定　　價　298 元
ＩＳＢＮ　978-986-90325-6-8

國家圖書館出版品預行編目 (CIP) 資料

跳上新幹線，這樣玩日本才對！：22 個城市與
60 個便當的味蕾旅行 / 朱尚懌著. -- 初版. --
臺北市：四塊玉文創, 2014.05　面：　公分
ISBN 978-986-90325-6-8(平裝)

1. 旅遊 2. 鐵路車站 3. 飲食風俗 4. 日本
731.9　　　　　103007683

SANYAU
http://www.ju-zi.com.tw
三友圖書
友直 友諒 友多聞

愛吃、會吃更有行動力的美食家

我從 Sunny 十多歲時就認識她了，少女時代的她還算節制，但自從嫁給大麥可有了長期飯票後，這十多年來兩夫妻的約會重點幾乎都是吃，看著她從 23 吋的青春小蠻腰吃成中年大嬸腰，偶爾也會幫她深呼吸。直到 2 年多前她力圖振作，節食、減肥、運動、靠著無比毅力總算找回青春美貌與蠻腰，也找回大麥可臉上笑容，但當出版社把這本書草稿寄給我，看到書中滿滿便當，我就知道，一切都完了。對我來說，這書不只是一本日本鐵道便當指南，而是大麥可的黃臉婆通知書，更是 Sunny 的小蠻腰祭文，是她用最後的青春與美貌換來的血淚之書。

擔任旅遊記者這十多年來幾乎跑遍日本各縣市，看過許多景點、嘗過許多美食，但印象最深是有次在名古屋機場看到一幅海報，是張世界地圖，並為每個國家畫上他們的代表性滋味，或許辣椒、或許咖哩、或許丁香，而整個日本就是用一根大大的山葵作代表。每個國家都有它的滋味，每個縣市都有它的滋味，強調地方特色的日本更是十里不同味，幾乎每個村鎮與車站都有專屬的滋味。我很佩服 Sunny 與大麥可能夠那麼認真努力，親自去品嘗每個車站的滋味。身在媒體業，很清楚知道當前許多知名美食家都靠大言不慚行銷自己闖出知名度，況且味覺這東西沒有標準，影響東西好吃難吃因素太多，何時吃、跟誰吃、當天的食材、廚師的心情、甚至當年的氣候與蜜蜂授粉努不努力，各種小因素都會帶來影響，美食家的推薦，聽聽就好。

Sunny 與大麥可可不是愛吹擂的美食家，雖然他們真的愛吃也懂吃，但我知道，他們也是會為了吃而不辭千里的行動家，沒有多少人可以像他們這樣挪出大段時間，專程到日本各火車站吃便當，白天深夜不停吃。如果你很愛日本鐵道便當，這是很好的指南書，如果你不愛鐵道便當，也能透過此書認識日本各地滋味與食材，同樣有收穫。不論如何，挑著吃就好，別像 Sunny 和大麥可一樣每種都吃，就讓他們兩夫妻犧牲就夠了。

中國時報旅遊記者
陳志東

十九歲少女的夢想，實現了

一個悶熱的夏日午後，隨手轉到最愛的日本比賽節目 —— 電視冠軍。今天的主題是鐵道便當冠軍，看著選手們搭著各式各樣的火車，光吃一口或是一個剪影就能猜出是哪一站的什麼便當。

一邊讚嘆這些人對鐵道便當的知識如此豐富，更令人印象深刻的是日本的鐵道便當竟然有著這麼大的變化，不像台灣的鐵道便當如果不是排骨就是雞腿，好點的就是配菜多點的福隆或池上便當。

看的出神的我，在內心默默許下心願：「有朝一日，我要搭火車從九州一路到北海道，沿路吃遍日本各地的鐵道便當！」

就這樣，將近 20 年前許的願望，竟然有機會實現，還能出本書為這趟瘋狂的旅程留下紀錄，真的是怎麼也料想不到的。

真正開始去接觸日本鐵道便當，才發現比我 20 年前從電視上看的還要令人佩服，不管是傳統的壽司便當還是各種常見的日式料理便當，把各種食材都融入到便當中。

而便當也不再只是便當，日本的鐵道便當從內到外都充滿巧思，各種有趣的造型便當盒，復古風味的陶罐，追求古代宴席餐盒的提箱，便當內容更是上山下海，網羅各地名產及特色，更把便當當成畫布，努力呈現最好的一面。

每一個便當都能體會到做便當的人的用心。來日本，除了美景和文化，在搭乘火車之餘，別忘記來個鐵道便當，相信能顛覆你對便當一成不變的壞印象。

附 註：

搭櫻島渡輪的時候，看到有 2 個騎著旅行用腳踏車的車友從渡輪上一派輕鬆的騎下來，我一時又不知那根筋不對勁，轉頭和大麥可說：「這樣很酷耶，如果可以這樣騎腳踏車搭渡輪，我就可以騎臺腳踏車去日本各個小島，然後把日本騎透透耶。」

當時已經搭了 9 天火車，又已經塞了將近 60 個便當在肚子裡面的大麥可看著我，冷淡的回了一句：「妳確定還要繼續妳這樣亂許願的行為嗎？」

我想，我還是許願中樂透就好了。

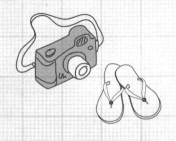

SUNNY

目錄

日本鐵道便當二三事

說起日本的鐵道便當，應該是七天七夜也說不完，鐵道販售便當已經有一百多年的歷史了。從古早時候人工在月台販售，經過了一個世紀，現在日本每個地區，每個車站都有便當，而且不只一種，廠商更是不只一家，甚至還有地區限定、季節限定等等，讓便當不僅僅是個填飽肚子的餐盒，更是一種文化。

看似眼花撩亂的便當專賣店，其實仔細觀察，可以大概區分為幾種，根據型態的不同有：幕の內便當、仿景便當、壽司便當、紀念便當、造型便當等等，從主菜種類來看的話，肉類便當、海鮮便當更是大宗。

❀幕の內便當 仿景便當
這種類型的便當，多半是每個地區的招牌，會把當地的特產盡量放進便當裡，擺放方式有細心的分成小格的，也有透過菜色顏色，精心排列的，賞心悅目外，口感上也能一次嘗到在地滋味，如果不知道該從哪個便當下手，就選這種的吧！另外，還有所謂的仿景便當，我認為基本上可以和幕の內便當歸為同一類啦！同樣料多豐富，同樣擺放精緻，只是有時我真的認不出來所謂的街道或景色，也許，你比我有天分，可以一眼就看出來呢！

❀壽司便當

壽司，想必大家再熟悉不過了。在日本鐵道便當的世界裡，只要是生食、或是醃漬過的食材，不論是押壽司、軍艦壽司、豆皮壽司等等，都屬於壽司便當這一類。這類的便當，往往可以品嘗到食材原味，而且份量適中，吃起來非常清爽無負擔，也是個很好入門的便當品種。

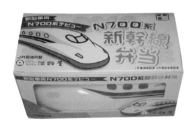

❀ 紀念便當／造型便當

看這兩類的便當名稱，就知道基本上都有吸引人的外觀或名稱。比方說新幹線 N700 造型便當、箱根登山巴士紀念便當、達摩造型便當、雪人造型便當，光是眼睛看著這些便當，手就已經默默地把錢掏出來了。其實，日本鐵道便當在外包裝上，也是非常講究的，除了這類便當有吸睛的造型外，其他種類便當，也有不少在包裝上別有用心，也別忘了欣賞一下。

❀ 肉類便當

便當裡的要角，就是肉類了。而日本最大宗的就屬牛肉便當了，以和牛出名的日本，更是將這項超美味的食材，融入便當裡。我這愛吃牛肉的人，真的宛如來到天堂。其次就是豬肉，有豬排、味噌豬肉等等，再來就屬雞肉了，這次還吃到一款擁有 4 種料理方式的雞肉便當，愛吃雞肉的人，可別放過。

❀ 海鮮便當

說到海鮮，到了東北地區是一定不可以錯過的，就算你假裝沒看到，各種海鮮，鰻魚、螃蟹、蝦子、干貝、章魚……也會在你眼前不斷跳動的，更何況來到了產地，日本又是四周臨海的國家，不好好滿足一下怎麼可以呢！此行當中，我印象最深刻的可以說是螃蟹便當了，有的有完整的蟹螯、蟹腿，有的是滿滿的蟹肉絲鋪滿便當，超過癮的！海鮮控們，好好研究一下吧！

除這些外，還有很多具有特色的便當款，比方說燒賣便當、蛋包飯便當，還有過程讓人期待萬分的加熱便當，都很有趣，也都能帶來全新的體驗。如果你也想來一趟鐵道便當之旅，記得先做好功課，該預訂的就先預訂，研究好便當販售的時間，免得撲空！

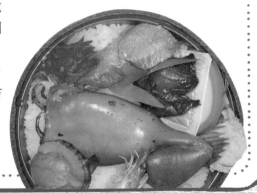

日本JR
MAP

九州新幹線
（長崎線）

山陽新幹線

北陸新幹線

金澤

石川縣

福井

肥前山口

武雄溫泉

嬉野溫泉

新大村

佐賀

諫早

福岡縣

博多

小倉

新下關

厚狹

新山口

德山

新岩國

廣島

東廣島

三原

新尾道

福山

新倉敷

岡山

相生

姫路

西明石

新神戶

鳥取縣

島根縣

兵庫縣

京都府

福井縣

滋賀縣

岐阜縣

岐阜

米原

名古屋

愛知縣

佐賀縣

新島栖

久留米

筑後船小屋

新大牟田

新玉名

熊本

長崎

長崎縣

熊本縣

山口縣

廣島縣

岡山縣

大分線

愛媛縣

香川縣

高知縣

德島縣

新大阪

京都

奈良

大阪府

奈良縣

三河安城

三重縣

豐橋

濱松

新水俣

出水

新八代

川內

宮崎縣

鹿兒島中央

鹿兒島縣

和歌山線

東海道新幹線

九州新幹線

沖繩縣

北海道新幹線

北海道

俱知安　新小樽
長萬部
新八雲　　　　　札幌
木古内　　新函館

奧津輕

青森縣　新青森
七戶+和田
八戶
二戶
岩手沼宮內
盛岡
新花卷
秋田縣　岩手縣　北上
水澤江刺
山形縣　宮城縣　一之關
栗駒高原
新潟縣　新潟　　古川
仙台
燕三條
長岡　　　白石藏王
浦佐　福島縣　福島
越後潟澤　　郡山　東北新幹線
上毛高原　新白河
系魚川　　那須鹽原
上越　　　梶木縣
長野　安中榛名　高崎
田　　　　　宇都宮
平　輕井澤　　小山
井澤　群馬縣　資城縣
本庄　稻田早稻田
箱根　玉縣　熊谷
梨縣　　東京都　大宮
三島　神奈引縣　上野
新富士　小田原　東京
熱海　新橫濱　品川
千葉縣

上越新幹線

東北新幹線

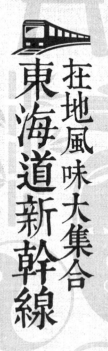

東海道新幹線

在地風味大集合

橫濱的美味蛋包飯與章魚燒，
新富士站把富士山化成美味，
名古屋單純而復古的照燒雞……
現代化的大城市，把最美好的滋味，
都留在便當裡了。

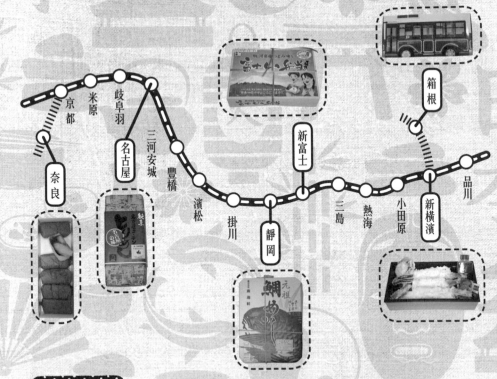

搭乘秘笈

來日本搭新幹線，最重要的就是 JR PASS 這張通票了，尤其對國外旅客來說，是最方便的選擇。不過，如果你有充裕的時間，想在各路線上的小站上走走逛逛，開通後不需連續使用的青春 18，不失為一個划算的選擇。我們這趟旅程的開始和結尾，使用青春 18，中間就都是使用 JR PASS 瘋狂搭乘新幹線。

不過呢，東海道新幹線和山陽新幹線，卻是對使用通票進行鐵道之旅的遊客最不方便的一段。因為 JR Pass，不能搭乘車次多又速度最快的 NOZOMI 和 MIZUHO 號，就算自由席也不行喔！所以扣掉這兩種車之後，東海道新幹線能搭的列車 1 小時大約只有 2～3 班左右。所以在這條路線旅行時，建議時間抓寬鬆點。千萬不要存著冒險的精神，偷偷搭搭看，因為日本的交通費用非常高，一旦被查到，補票價格都非常昂貴，所以請特別注意！

PS. 火車時刻表書上非常貼心的把這兩種不能搭的列車用藍色字做為區分，所以不用怕看不懂日文，也能分辨出能不能搭的車喔。

JR PASS:http://www.japanrailpass.net/zh/zh003.html
青 春 18:http://visit-japan.jp/fit/useful/18ticket.html

曾經是德川家族重要據點的名古屋，到了近代搖身一變成為工業重鎮，加上愛知博覽會的成功，讓名古屋不只有歷史的刻印，也有現代化進步的象徵，這個日本的第三大城市，值得一遊。

純系名古屋
コーチソとりめし
復古而單純的美味

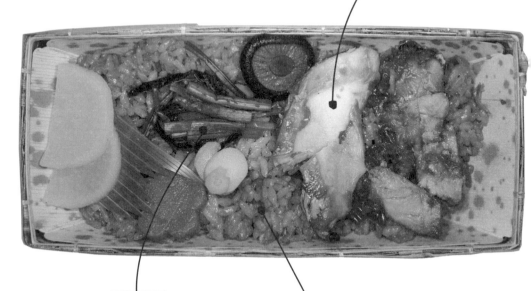

照燒雞
吃起來緊實的雞肉，讓人驚喜。

滷山菜
味道普通。

雞飯
味道醇厚，類似清淡的油飯。

16

這個便當的來頭可不小，曾經在 2006 年獲得黃金傳說第十名的便當，沒錯，就是大家愛看的那個日本電視節目黃金傳說。不知道是不是因為這個響徹雲霄的紀錄，讓我在一早 10 點半到達名古屋時，到櫃檯前一看，居然只剩下最後 1 個，所以就算肚子裡已經在上一站吃下了 2 個便當，還是硬買來塞在肚子中，沒辦法，黃金傳說認可的便當，又只剩下 1 個，簡直勾起了我必買的決心！

這個便當的外包裝，有點像是葉子交叉的包裝，感覺非常古樸，就連吃起來的味道，也很復古，讓人懷念，甘醇濃厚的照燒雞，配上清淡的類油飯，一度有以為自己在吃滿月油飯的感覺呢！

試吃報告

❀ Sunny

米飯：底層的雞飯味道醇厚，像清淡版的油飯。
主食：照燒雞雖然沒有想像中的彈牙肉質，但是吃起來緊實的雞肉，也讓人感到驚喜。
配菜：各式滷菜，味道普通。

❀ 大麥可

手拿著這個便當，有種回到了遠古時代，或是身處拍古裝劇的場景中的感覺。

便當小檔案

發售店家：松浦商店
價格：￥880
類型：肉類便當
Sunny 評等：★★★★

近江牛
ステーキ重
來日本就是要吃遍各種牛肉

近江牛
外熟肉生，無血水，口感一級棒。

近江米
混到部分燒肉醬的米飯，很有味道。

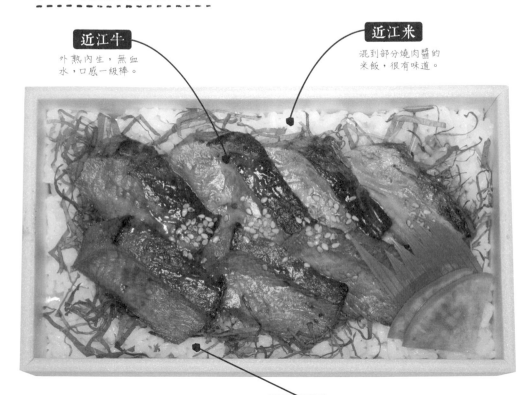

青蔥絲
蔥的嗆味更襯牛肉。

牛肉！是的，管他是什麼牛肉，都是我的最愛！近江牛呢，是日本知名和牛之一，名氣直追神戶牛和松阪牛。同時，這也是目前為止最貴的一個便當。不過說實在的，看到貨架上呈現的內容物，就幾片牛肉鋪排在飯上，有那麼一個瞬間，讓人很難掏出錢包，買的時候著實掙扎了3秒。但是我想，衝著和牛品種，這個便當應該可以帶給我另一個美味的體驗。

果然，吃下去就不後悔了，讓我還想甘願的掏錢買第2個。吃下一片牛肉，吃得出來牛肉並未事先醃漬，直接上火炙烤，既保留了牛肉肉質的特色，也讓醬汁透過烤的過程更加香氣逼人。單吃牛肉，讓人有宛如置身頂級牛排館的感覺，搭配著飯一起吃，就像是點了份高級的牛小排蓋飯般。連原本被太陽曬到食慾全消的我，吃了一口之後，又可以一口又一口，日本牛肉真的好吃！

試吃報告

❀Sunny

米飯：鋪排在底部的白飯，混到部分的燒肉醬，吃起來更有味道。

主食：牛肉微炙烤過，外表是熟的，但中間是令人流口水的鮮嫩粉紅色，但是並不會有吃生肉的感覺，也無血水，口感和味道都一級棒。

配菜：牛肉下面鋪排的不是常見的蛋絲，而是放切得細細的青蔥絲，一點點蔥的嗆味和青翠，更能襯托出牛排的鮮美。

❀大麥可

牛肉像是高級燒肉店裡，用講究的燒烤方式做出來的口感，外皮和內部各有不同感受，牛肉味道濃郁，只是冷掉了。

便當小檔案

發售店家：井筒屋
價格：¥1500
類型：肉類便當
Sunny 評等：★★★★

SUNNY 推薦
消熱量獨特景點！

名古屋城

漂亮又壯觀的名古屋城，是由德川家康下令建造，德川家康本人更曾經入住，明治維新時代，名古屋城附近更因此繁榮起來，可惜後來在二次大戰中遭遇空襲，幾乎所有建築物都被燒毀，目前見到的名古屋城則是後來於1959年修建而成，未因戰爭而損毀的部分，則保護至今。名古屋城內最著名的景點便是金鯱，被作為防火的符咒裝飾大樑，更成為權力的象徵，是許多遊客一定要拍照留念的地方。

電話：+81-52-231-1700
地址：名古屋市中區本丸 1-1
時間：9:00 ～ 16:30（天守閣到 16:00 為止）
票價：高中生以上￥500，中學生以下免費

白川公園

名古屋的白川公園內，有個短短的水道，此外就跟一般的公園差不多嚕！比較特別的事情是，公園內有經常出現在名古屋觀光資訊宣傳上的名古屋市科學館，以及名古屋市美術館。名古屋市科學館，最吸睛的就是建築物本身，一顆超大的圓球，讓人很難忽略，光是在外面走走，欣賞建築物的奇特，也是很過癮的。名古屋市美術館，則不時會有免費的藝文展覽可以參觀。

名古屋市科學館
電話：+81-52-201-4486
地址：名古屋市中區栄 2-17-1
時間：9：30～17：00（最後進入時間 16：30），週一（逢假日時為假日後的工作日），第三個星期五（逢
　　　假日時為第四個星期五）休館
票價：展覽是與巨蛋天文館 / 成人￥800，高中大學生￥500，中學生以下免費。
　　　展示室 / 成人￥400，高中大學生￥200，中學生以下免費

JR 雙塔、綠洲 21、名古屋電視塔

車站大廈的 JR 雙塔，和兼具車站與公園的綠洲 21 以及名古屋電視塔，都是站在名古屋市中心可以盡覽的重要地標。JR 雙塔 51 樓的 Sky Street 可以一覽整個名古屋市喔！前往 51 樓的透明電梯也很吸引人。名古屋電視塔不只是日本最早的電視塔，更是情人們心中的浪漫景點，觀景台更是可以直接眺望鈴鹿山與伊勢灣。綠洲 21，也有離地 14 公尺高裝著水的空中步道，這裡更是拍攝名古屋電視塔的最佳地點，如果你會留宿在名古屋，晚上夜幕低垂時，記得再來看看夜景。

綠洲 21
電話：+81-52-962-1011
地址：名古屋市東區東櫻 1-11-1
時間：「水的宇宙船」10:00 ～ 21:00，購物商店
　　　10:00 ～ 21:00，餐飲店 10:00 ～ 22:00，服務
　　　店 10:00 ～ 20:00(部分店鋪不同)，元旦與法定
　　　檢查日休館

名古屋電視塔
電話：+81-52-971-8546
地址：名古屋市中區錦 3-6-15 先
時間：(1 ～ 3 月)10:00 ～ 21:00，(4 ～ 12 月)10:00 ～
　　　22:00， 星期六，日，假日 11 點開始營業，不
　　　定休
展望台票價：成人￥600

大須觀音神社

這座神社從以前到現在都是地方居民的信仰中心，也在周圍發展出商圈，神社左右各有一條「通」，也就是商店街啦！其實相當好逛，這裡還有好多台灣名物，看著好多人排隊吃鹹酥雞的場景，真的很有趣。另外，走到底還可以看到名古屋知名的招財貓！到神社祈福之餘，還可以在附近逛逛，是個很不錯的行程喔！

電話：+81-52-231-6525
地址：名古屋市中 大須 2-21-47
時間：全年開放

一提到奈良，心中馬上跳出一個字：鹿！奈良的鹿是觀光客的最愛啊！其實奈良是個以寺廟聞名的城市，自古以來，奈良就是佛教中心。而奈良公園裡大大小小的知名廟宇，都是從奈良站步行可到的喔！

柿の葉壽司
散發淡雅香氣的氣質便當

鯖魚
不過鹹的魚肉，正好搭配兩股淡雅的味道。

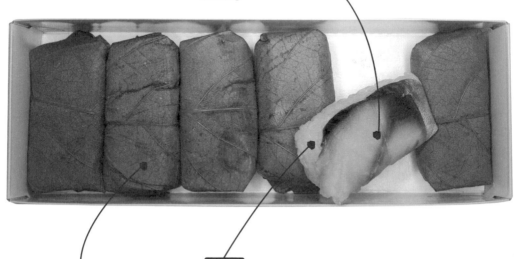

柿葉
非常清香的味道。

醋飯
不太酸的醋飯，正好搭配葉子的香氣。

這是一款押壽司便當，從外觀看起來就非常有氣質，其實嘗起來一樣氣質滿分喔！鯖魚押壽司的組成真的很簡單，就是醋飯和鯖魚，再用葉子包裹起來。但是呢，這一路吃下來，其實，已經慢慢得出，「越簡單的便當，越不簡單」的小小心得。

包裹的葉子有著淡淡的香氣，鯖魚不會太鹹，醋飯也不是很酸，但是就是這樣 3 種清清淡淡的香氣，組合起來，有一股讓人無法忘懷的滋味。讓人忍不住慢下腳步細細品味。另外，包裝非常精美，還敘述了這便當的由來和特色，以及保存方式，如此認真看待便當，讓我再次見識到日本人龜毛的個性。

 試吃報告

❀ Sunny

米飯：不太酸的醋飯，正好搭配葉子的清香。

主食：為了味覺與嗅覺上的統一，鯖魚也沒有過鹹，
　　　和其他味道搭配起來，非常完美。

❀ 大麥可

一打開便當就聞到柿葉香撲鼻而來，每打開一個壽司就會再聞到葉香，吃入口後葉子、魚肉和醋飯的味道搭配得剛剛好。

便當小檔案

發售店家：笹八站（高崎站也有販售）

價格：￥700

類型：壽司便當

Sunny 評等：★★★

SUNNY 推薦
消熱量獨特景點！

奈良公園

這是一個幅員非常遼闊的公園，就算走上一天也不見得走的完，而且一進到奈良公園，就開始身邊會出現許許多多可愛的小鹿們，就算不想逛任何寺廟，不想餵食這些小鹿們，漫步在這公園之中也是一種享受。

東大寺

寬57米深50米的主殿是目前世界上最大的木造建築，裡面放了一尊高15米的佛像，另外外面的南大門，及兩旁的雙體金剛力士像都是值得一看的景點。重點是這邊因為觀光客多，入口的路邊就有賣鹿仙貝的小攤子，如果想嘗試被鹿包圍的人可以買一包試試看，馬上可以體會被鹿群們簇擁的新奇體驗。

時間：11月至2月：7:30～4:30
　　　3月至10月：7:30～5:00
票價：￥500

春日大社

位在奈良公園的北端,是和東大寺有著截然不同氛圍的寺廟。春日大社位在春日山邊,參拜的路邊矗立著上千只的石燈籠。這裡沒有絡繹不絕的遊客,卻可以在樹木參天的森林裡漫步。在這邊的鹿也比較冷靜,不會像東大寺的鹿有些有嗨過頭的情況發生。另外這邊有可愛的小鹿占卜,中文也可以通喔!

吉野山

沒聽過吉野山?那總該聽過吉野櫻吧。沒錯,吉野山就是吉野櫻的出處,而吉野山正位在奈良市的南方不遠處。吉野山不只有櫻花,秋天的滿山楓紅也相當有看頭,所以秋天賞楓,春天賞櫻,吉野山都值得一遊。

25

靜岡不僅僅擁有絕佳的地理位置，更擁有象徵日本的富士山，以及景色宜人的伊豆半島，別忘了豐富的物產，駿河灣的高腳蟹、久能山的石壘草莓、日本第一的溫室哈密瓜、芥末和櫻花蝦等，不勝枚舉。

元祖鯛めし
長銷 30 年的傳奇

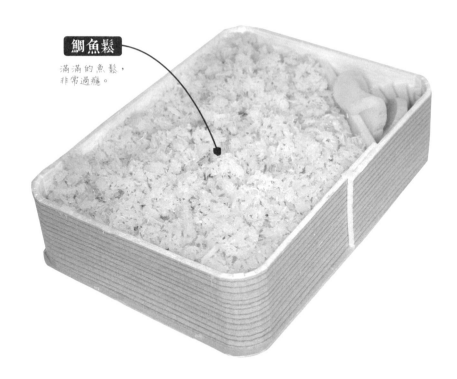

鯛魚鬆

滿滿的魚鬆，
非常過癮。

商品一賣就是數十年不稀奇，你我身邊都有好多這種例子，但是呢，一個便當可以一賣 30 年，那可是一件很不簡單的事情。
光是想想這幾十年間食材的變化，廚師傳承的是否完善，就真的很讓

人佩服了,而靜岡站的這個魚鬆便當,從明治 30 年開始銷售,一直到現在,都是站內的人氣王,光是這項紀錄就真的很值得品嘗一下,而且也才￥570,和大部分的便當比起來,這真的是太便宜啦!

這個便當的外觀包裝上,大大的寫著一個鯛字,打開便當盒蓋,黃澄澄的 1 片魚鬆撲滿整個便當,旁邊點綴上 2 片醃蘿蔔,看起來雖然樸實,但的確也有讓人想要大口大口吃下的慾望。吃完之後有種似曾相識的神秘感受,靈光一閃,啊!這根本就是台南魚鬆飯!也有點像是魚鬆飯糰,差別在於,便當裡的魚鬆炒得非常香。我想能一賣幾十年,除了日本人真心愛吃好吃的魚鬆以外,價格非常吸引人應該也是原因之一!

試吃報告

🌸 **Sunny**

米飯:無特別驚喜之處。

主食:滿滿的魚鬆看起來挺過癮的,吃起來也是香氣十足。

🌸 **大麥可**

不斷的單一口味侵入嘴裡,不是不好吃,只是單一味道的攻擊太強大,我有點承受不住,HP 要歸零了!

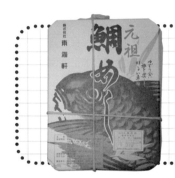

便當小檔案

發售店家:東海軒
價格:￥570
類型:海鮮便當
Sunny 評等:★★★

しゆらまい
復刻版舊時代便當

醬油／黃芥末

附上的兩款醬料，
可隨個人喜好添加。

燒賣

肉的口感沒有太
讓人驚艷。

燒賣！對東方人來說，尤其是來自台灣的我，是再熟悉不過的食物了。吃燒賣的經驗多半是在熱鬧喧騰的港式餐廳裡，服務生端著還冒著煙的蒸籠上桌，一打開蓋子，熱騰騰的燒賣一口一個，一口裡面有皮的香氣，內餡的鮮甜，很是過癮。但是，其實從來也沒有想過，便當裡出現的燒賣是如何。

一打開盒子，有 11 顆燒賣躺在便當盒裡，比我想像中的少了些，因此看起來有點孤零零的，如果可以多塞個幾顆，看起來擠一點，其實應該會更讓人食指大動呢！不過，到底說來，這也是個算特別的便當，我做好了日本便當多是冷食的心理建設後，一口咬下，唉呀，大概是之前在台灣吃習慣了熱呼呼的燒賣，感覺有點不太對味，有一點點失望！我想，只有日本人才愛這味吧！

試吃報告

❀Sunny

主食：燒賣外皮沒有 QQ 的口感，還加了粉，吃起來鬆鬆的，肉的口感也不是太好。

❀大麥可

我一口可以放下 4 個燒賣，也就是說這個便當我不到 3 口就吃完了！小鳥胃的人超適合！

便當小檔案

發售店家：東海軒
價格：￥420
類型：特色便當
Sunny 評等：★

SUNNY 推薦
消熱量獨特景點！

久能山東照宮

要介紹久能山東照宮，就一定要介紹一下德川家康這位先生。他小時候以人質的身分待過駿河一帶 12 年，也在這段時間認識了織田信長這位大哥，後來經過一連串混亂的歷史（如果要交代完歷史，這本書恐怕比辭典還厚），最後德川家康一統天下之後，猜猜看他選擇了哪邊做為他的養老處？沒錯，就是回到駿河。

最後還永久長居在久能山東照宮，能藉此了解駿河這地方對德川家康這位老先生有多大的意義，而這久能山東照宮也因為這緣故，自古以來香客和奉納皆絡繹不絕。久能山東照宮位在久能山上，約高 270 公尺，面瞰駿河灣，是彙集當時最頂尖的技師一起完成的，對這些技師來說也是極為榮耀的事情，而成就了這一個極其精彩的建築作品。

地址：靜岡市根古屋 390
時間：8：30～17：00（4 月～9 月）
　　　9：00～16：00（10 月～3 月）
票價：全票￥500，博物館￥400
　　　通用券￥800

小丸子樂園

將小丸子卡通中出現的場景以實景呈現，可以看到正在喝酒的爸爸，和罵人中的媽媽，非常有趣。卡通中的人物則有雕像可以拍照，還有大頭貼機和周邊商品商店，肯定能讓小丸子的粉絲們，在這邊渡過快樂的時光。

電話：+81-54-354-3360
地址：日本靜岡市清水區入船町 13-15
時間：10:00 ～ 20:00
票價：單館入館券／大人￥300
　　　　　　　　孩子￥200

清水壽司博物館

這個壽司博物館，顧名思義當然是介紹
日本壽司的歷史，還有現在演變成的千
變萬化種類，不單如此，進了壽司博
物館彷彿一腳踩進時光機，讓人回到
了過去，復古的街道很殺底片，而眼
睛看了滿滿的壽司，別擔心肚子會空
空的，出口有幾間頗受好評的壽司店，
讓人飽完眼福之後，也可以一飽口福。

地址：靜岡市清水區入船町 13-15
時間：10:00 ～ 20:00
票價：單館入館券／大人￥400
　　　孩子￥200

地址：靜岡市清水港町 2 丁目 10 番 1 號浪漫館 1-A
時間 08:00 ～ 16:00(清水灣土肥灣)
　　 09:05 ～ 18:25(土肥灣清水灣)
費用：大人￥2000　，小學生￥1000

駿河灣遊輪

駿河灣遊輪是從靜岡的清水港
搭船，行駛到伊豆半島的土肥
港，全程 65 分鐘。最大賣點是
可以從海上一覽富士山的美景，
再加上這是抵達伊豆半島輕鬆
又方便的交通方式，相當受到
遊客的歡迎。

富士山

高 3775.63 公尺，為日本第一高山，
但他出名的原因不光是因為高度，
而是自古以來他便是日本人心目中
的聖山，而他獨特的魅力和在日本
的地位，也讓富士山於 2013 年正式
成為世界文化遺產。

東海道新幹線
新富士站

這個超迷你的小站，是為了新幹線開通而增設的一個小站，在這個僻靜的小站，可是充滿了富士山的美麗影像，而且這裡還有個超屬害的便當，你一定要來親身品嘗才行。

駿河名產
富士山弁当
大口把富士山吃下肚

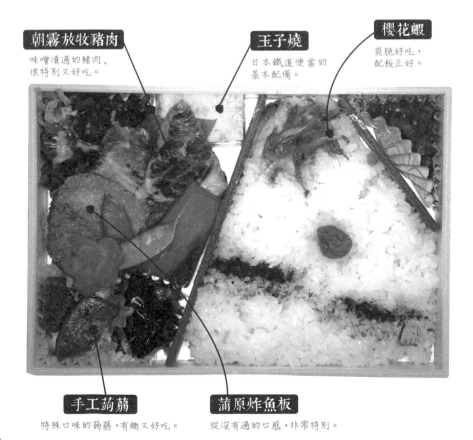

朝霧放牧豬肉
味噌漬過的豬肉，很特別又好吃。

玉子燒
日本鐵道便當的基本配備。

櫻花蝦
爽脆好吃，配飯正好。

手工蒟蒻
特殊口味的蒟蒻，有趣又好吃。

蒲原炸魚板
從沒有過的口感，非常特別。

來到富士山腳下，沒來一個仿景便當怎麼行，再加上對日本人來說，富士山登錄世界遺產的光榮，當然要用便當來記錄一下。終於，有個仿景仿得像一點的便當了，或許是我的領悟力變高了？！便當外頭復古海報的畫風讓人覺得很可愛之外，還附上一張紙，告訴客人這個便當用了哪些當地特產，很喜歡他們這樣的心意和說明。

這個便當的內容物，也一點都不馬虎，選用的是朝霧放牧的豬，可想而知肉質的軟嫩，不過這個便當是用味噌去漬豬肉，讓豬肉呈現另一種很特別的口感喔！炸物方面，蒲原炸魚板非常特別，是從來沒有吃過的，口感介於年糕和羊羹之間，也挺好吃。配菜也有特別之處，各位不知道有沒有吃過山葵和辣椒口味的蒟蒻，既有趣又好吃。這個便當雖然有些漬物的味道，我不太能接受，但是有這麼多漂亮又奇特的內容，讓我忍不住為它的評等再加 1 顆星。

☸ Sunny

米飯：和各種食材都能搭配。

主食：味噌漬過的豬肉，吃起來有點像不鹹的西班牙火腿肉，很特別又好吃。

配菜：除了特殊口味的蒟蒻之外，還有很多配菜，像是玉子、南瓜、茄子也都不差。

☸ 大麥可

眾多不常見的食材，以及創意的小菜，既是賣點也成就了一個好便當。

便當小檔案

發售店家：富陽軒
價格：￥1000
類型：仿景便當
Sunny 評等：★★★★

身為日本第一個開港的城市，橫濱一直以來都扮演著最洋化，也最現代化的都市，不管是飲食或是街景都能感受到和其他日本城市的差異。然而箱根有別於橫濱，就是個世外桃源了，建議2個城市一起遊覽喔！

橫濱オムライス
經典蛋包飯也有便當款

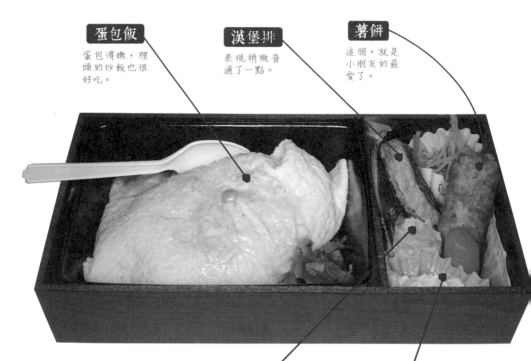

蛋包飯
蛋包滑嫩，裡頭的炒飯也很好吃。

漢堡排
表現稍微普通了一點。

薯餅
這個，就是小朋友的最愛了。

燒賣
不同口感的配菜。

沙拉
配菜之一的玉米沙拉，也是小孩喜愛的。

日式家庭料理中，除了炸蝦、天婦羅之外，蛋包飯也是老少咸宜的不敗餐點。但是放到便當裡時，還能一樣美味嗎？所以我對這個蛋包飯便當，也是抱著既好奇和一點點期待呢！打開便當盒蓋，用眼睛仔細端詳，著實被嚇了一跳，緊接著我就已經露出笑容了，因為，蛋包表層竟然呈現 Juicy 的質感，仔細一看不但蛋皮煎得嫩，上頭還有一層起司醬汁，這種滑滑亮亮的視覺感，可以出現在便當裡，看來我得調高我對鐵道便當的標準了。

旁邊的配菜有玉米粒沙拉、薯餅、漢堡肉以及一些涼拌菜，全都是小孩愛吃的，再加上蛋包飯的吸引力，我想這應該是我兒子心目中的第一名便當吧！

 試吃報告

🌸Sunny

米飯：蛋包飯裡的番茄炒飯，炒得很好吃。

主食：滑嫩的蛋皮和起司，配上炒得味道剛好的番茄炒飯，真是好吃。

配菜：薯餅和沙拉、漢堡肉就很普通，如果表現突出一點，就可再多給 1 顆星了。

🌸大麥可

一旁的配菜，在滿口米飯無法順利入喉時，發揮了最大的功效，不只轉換心情，也能讓胃口大開，讓我們的便當旅程可以繼續戰鬥下去。

便當小檔案

發售店家：橫濱站
價格：¥750
類型：特色便當
Sunny 評等：★★★

海老と野菜の天重
挑戰炸物技術的炸蝦便當

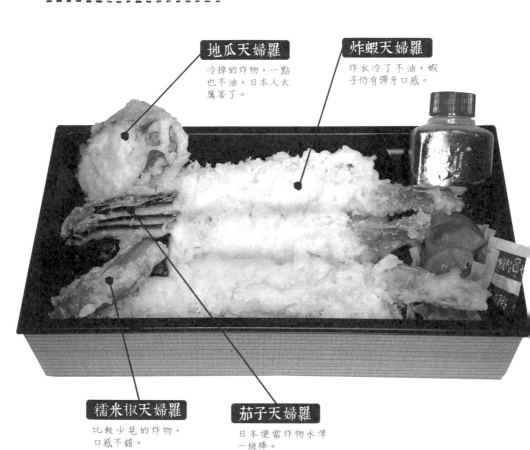

地瓜天婦羅
冷掉的炸物，一點
也不油，日本人太
屬害了。

炸蝦天婦羅
炸衣冷了不油，蝦
子仍有彈牙口感。

糯米椒天婦羅
比較少見的炸物，
口感不錯。

茄子天婦羅
日本便當炸物水準
一級棒。

這個便當是在東京站買到的，因為在東京站，很輕易就可以買到橫濱出的便當，但是呢，這個便當特別激起了我的挑戰神經。我想知道以炸物為主的便當，加上日本人慣常的冷食習慣，這樣的組合到底是會給我好的驚喜，還是壞的驚喜呢？

好了，繼冷的牛丼飯、控肉飯之後，我要來試試看日本人做的炸蝦天婦羅飯。一打開便當盒，裡面有三隻頂天立地的蝦子，幾乎占滿了整個便當盒子，還看見茄子、糯米椒以及地瓜的野菜天婦羅，看起來相當豐富，也和期待中的便當內容物相去不遠，讓人驚訝的是，炸物的表現非常好，沒有因為冷掉而走味，這又是一個讓我對日本人做便當的技術感到佩服的一刻。

試吃報告

❀**Sunny**

米飯：和食材皆很搭配。

主食：炸蝦雖然冷掉了，但是炸衣並不會出油，蝦子還保有彈牙的口感。

小菜：讓人難以想像這是冷掉的天婦羅，讓不愛吃炸物的我，也不得不感到讚嘆！

❀**大麥可**

炸物的味道雖然不能和現炸的比，但是味道並沒有流失，也不會太油。

便當小檔案

發售店家：株式會社イスミ食品

價格：￥880

類型：海鮮便當

Sunny 評等：★★★★

箱根登山バスアニ
バーサリー弁当
可愛無敵必吃款

炸里芋
不油的炸衣，
里芋更好吃。

炸豬排
光是炸衣不油，
就已經一百分了。

炸蝦
冷了不油的炸物，
太無敵了。

米飯
加了香鬆和紫蘇，
增添美味。

在日本鐵道便當中，各式紀念便當有新幹線系列，也有紀念歷史人物，也有為了慶祝地區的盛世而生，不過這款紀念巴士便當，倒是真的比較少見呢！

這款可愛巴士造型的便當是用來慶祝箱根登山巴士，運行百年紀念的。外觀的造型就是那台可愛的巴士，相當有趣。裡面的內容物也毫不遜色，而且還是雙層便當呢！其中下層是灑了一點香鬆，一點紫蘇的白飯。上層有炸蝦、炸里芋和豬排。

試吃報告

❀Sunny

米飯：米飯灑了點香鬆和紫蘇，多了點滋味。

主食：炸物真的很厲害，冷掉了也不會油，不會膩。

配菜：和其他便當比較起來，普通了一點。

❀大麥可

沒吃到！沒吃到！沒吃到！

便當小檔案

發售店家：丸高

價格：￥1000

類型：紀念便當

Sunny 評等：★★★

横濱チヤ丨ハン

炒飯 + 燒賣的奇妙組合。

蝦仁蛋炒飯

粒粒分明,吃起來
非常舒服。

燒賣

口感不太習慣。
說不定你會喜歡
也不一定。

竹筍

配菜普普通通啦。

辣雞肉

非常重口味,別
小看這個配菜。

炒飯＋燒賣？這個組合從台灣人的眼光來看，可能有點奇妙，但是對日本人來說是很平常的事情。尤其這個便當，還是崎陽軒集合旗下兩大招牌名物，炒飯和燒賣，所推出的超超超值便當！為什麼這樣說呢？因為一個便當只要￥580啊！

便當一邊是滿滿的蝦仁蛋炒飯，另一邊有2顆小小的燒賣，一點點配菜，再加上重口味的辣雞肉，不管是看起來或吃起來滿足感都很高。雖然在日本人心中，崎陽軒的燒賣超級受歡迎，可惜的是我還是吃不慣，不過這可是賣了超過半世紀的知名便當喔！一定要嘗嘗。

試吃報告

❀Sunny

米飯：蝦仁蛋炒飯還算粒粒分明。

主食：燒賣只有2小顆，但是口感讓我很不習慣，也許會有人很喜愛也不一定。

配菜：普通。

❀大麥可

我還是沒吃到！

便當小檔案

發售店家：崎陽軒
價格：￥580
類型：特色便當
Sunny 評等：★★★

SUNNY 推薦
消熱量獨特景點！

橫濱陸標塔大廈

陸標塔大廈是地上 70 層，地下 3
層的摩天大樓，是橫濱的代表性
建築物。也是日本第二高摩天大
廈。樓下是購物商城，另外還有
飯店以及辦公大樓。在大廈的 69
層則是觀景平台，也叫做空中花
園。從這可以一覽橫濱的風光。
天氣好的時候，還能看到東京的
晴空塔和富士山喔！

電話：045-222-5030
地址：橫濱陸標塔大廈 69 層
時間：10:00～21:00，星期日、節假日開
　　　放至 22:00。入館時間截止閉館 30
　　　分鐘前
票價：￥1000

拉麵博物館

在靜岡看到壽司博物館，那日本有沒
有拉麵博物館呢？答案是肯定的，就
在橫濱。橫濱拉麵博物館裡同樣用復
古的街景展示了 1958 年當時的夕陽西
下街景，介紹拉麵的歷史以及日本的
各種拉麵。而地下一樓二樓則是匯集
了日本從北海道到九州各地代表不同
風味的九間知名拉麵店。所以只要你
吃的下，可以在這一口氣把日本拉麵
吃透透。熱愛拉麵的朋友來挑戰吧！

電話：045-471-0503
地址：橫濱市港北區新橫濱 2-14-21
開放時間：11:00-22:00（隨季節而調整）
票價：￥300

紅磚倉庫

和函館一樣，都將當時通商所用的紅磚倉庫保留了下來，不過只保留了歷史性的外觀，內部可是大改造了一番。不但是展演場所，另外還有購物中心的設置，讓老舊的倉庫變身成為一個新的旅遊熱點。

電話：045-227-2002
地址：橫濱市中區新港 1-1-1·新港 1-1-2
時間：11:00-20:00（各店略有不同）
票價：免費

電話：045-641-6591
地址：橫濱市中區新港 2-8-1
時間：11:00 ～ 19:00，隨季節而調整，周四公休
票價：免費參觀，部分遊樂設施需另外購票，￥100~700 不等

橫濱太空世界

相較於親子同樂有可愛造景的東京迪士尼，橫濱則是有個深具未來太空感的遊樂園。裡面的設施都相當刺激，而晚上的摩天輪更是賞夜景的另外一個好去處。

箱根

箱根是日本出名的溫泉渡假區和風景名勝。除了溫泉和美麗的景色，還有各具特色的博物館及美術館。如箱根美術館，星星王子博物館，玻璃森林美術館等。除此之外，箱根多樣化的交通工具也深受旅客歡迎，如果想從箱根到蘆之湖，可以一路體驗到登山電車 (像阿里山登山小火車那種)，登山纜車 (像香港太平山纜車) 以及纜車 (貓空那種)，最後到了蘆之湖還能搭海賊王船遊湖。海陸空一次通通奉上！

腳邊的驚奇
低頭吃便當的意外收穫！

在日本趴趴走，大家往往只看地表以上的風景，壯觀的古城，每家看起來都很誘人的餐廳，甚至是路上穿著和服經過，超有氣質的日本女生，都是這個國家的風景，但是，其實低頭看看地上，也有很多讓人會心一笑的小小驚喜呢！不過不要一直低著頭走路啦！還是要注意一下安全。

這應該是全世界最可愛的消火栓標記了吧！

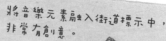
將音樂元素融入街道標示中，非常有創意。

這幾乎是世界各地的人一看就知道的標誌，不過翹腳的大人和小孩，增添了幾分可愛，也讓人心情愉快了些。

冬季奧運的紀念，也在你會走過的街道上出現。

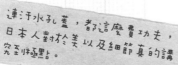

連汙水孔蓋，都這麼費功夫，日本人對於美以及細節真的講究到極點。

雖然不太確定這個孔蓋的作用，但是圖案設計的非常可愛啊！

東北新幹線

北國名物 一次飽食

越加熱越銷魂的牛舌便當，
和牛與白金豬的戰場，就在便當裡，
一次給足滿滿海鮮的豪氣，
北國人民的便當，真的非常有趣。

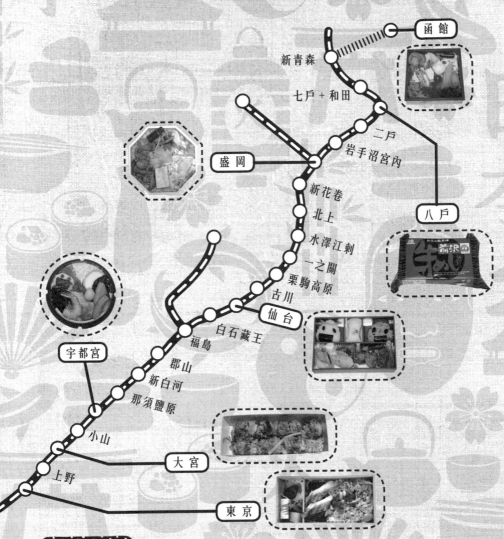

函館

新青森

七戶＋和田

二戶

岩手沼宮內

盛岡

新花卷

北上

水澤江刺

一之關

栗駒高原

古川

仙台

八戶

白石藏王

宇都宮

福島

郡山

新白河

那須鹽原

小山

大宮

上野

東京

搭乘秘笈

目前東北新幹線最北只通行到新青森站，如果想到函館，得到新青森轉搭 JR 津輕海峽線穿過世界最長的海底隧道抵達函館。在這段路線上，JR PASS 就非常好用，建議從東京直接劃位到函館，因為這段路程比較遠，且時間接剛剛好的列車，幾乎都是全車指定席的，所以也非劃位不可。

好在劃位也不困難，直接在服務櫃台從東京劃位到函館，服務人員會給你兩段票，一段是東京到新青森，另外一段新青森到函館。記得要在新青森轉車，只需要等個十來分鐘的等待時間，就可以享受 6 小時內從東京抵達函館的便捷喔！

在這個集合飲食、觀光、購物、美景，超過一千萬人口的世界級大都會，真的要介紹，花上三天三夜也講不完。不過，最後介紹的景點，不管多少時間，都是必去的喔！

深川めし
道地的東京味

醬油燒飯
沾了點醬油香氣，還不錯。

蒲燒鰻
充滿甜甜醬香，很好入口。

蛤蠣肉
雖然小小的，但很鮮甜。

蝦虎魚
有著甜甜的醬油味，香氣濃郁。

配菜
蘿蔔讓人驚艷，其他小菜，都很下飯。

這個便當，可以說是百分之百東京味了。因為「深川」二字，不只是東京區域的名稱，也是當地一種料理風格的稱呼，稱之為「深川煮」，簡單來說，就是古代的漁民料理，口味上鹹香多變，超級下飯。

這個便當裡有東京灣3種佃煮海鮮，主菜分別有鰻魚3塊，蝦虎魚2條以及一些蛤蜊肉。鰻魚是和台灣蒲燒鰻相當接近的口味，很軟也很有味道，和岡山的夫婦穴子燒比較起來，味道比較濃郁，雖然有搭配著蝦虎魚和蛤蜊肉，不過吃起來倒像是個鰻魚便當，反而是右邊的配菜很出色，調味沒有那麼鹹，但是非常下飯。

試吃報告

❀Sunny

米飯：無特殊之處。

主食：3種佃煮海鮮，基本上吃起來都是甜甜的醬油味，味道較濃郁，蛤蜊肉很鮮甜，可惜小小的。

配菜：白蘿蔔非常讓人想一吃再吃，一旁2顆黑黑的是醬瓜，有點類似我們早餐吃的大茂黑瓜，只是不那麼鹹，非常下飯。

❀大麥可

看起來軍容浩大的便當，3種海鮮排排站，吃起來都是同一種調味，以後千萬不要小看這些海鮮，一起在便當裡進攻時，會讓人招架不住，棄筷投降的。

便當小檔案

發售店家：日本レストランエン
　　　　　タプライズ

價格：￥880

類型：海鮮便當

Sunny 評等：★★★

彩りのお弁当
一定要體驗的幕の內便當

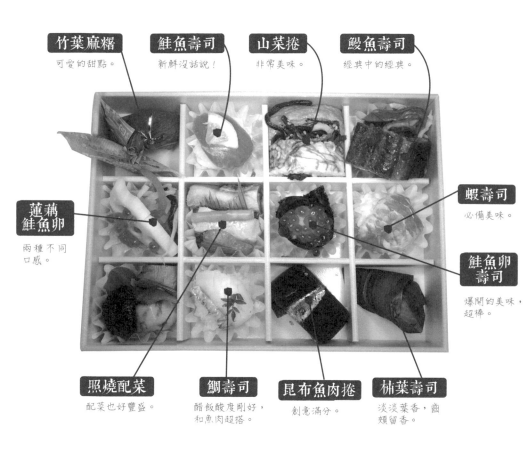

竹葉麻糬
可愛的甜點。

鮭魚壽司
新鮮沒話說！

山菜捲
非常美味。

鰻魚壽司
經典中的經典。

蝦壽司
必備美味。

蓮藕鮭魚卵
兩種不同口感。

鮭魚卵壽司
爆開的美味，超棒。

照燒配菜
配菜也好豐盛。

鯛壽司
醋飯酸度剛好，和魚肉超搭。

昆布魚肉捲
創意滿分。

柿葉壽司
淡淡葉香，齒頰留香。

東京站是個幾乎聚集了大部分便當的車站，其他各個城市的便當在這幾乎都能買到，想要找個鐵道便當的起點的話，東京站是個很好的選擇。在日本鐵道便當的類型中，「幕の內便當」是很經典的便當款式，以台灣人眼光來看，就是高級的壽司便當啦！

便當會分成小格，一小格放一種料理，或是便當內容物會像我們在日本料理店吃壽司那樣，一個一個排放整齊，這樣的便當，可以體會到日本人對細節的用心和耐心呢！

這個壽司便當附了張紙，說明了這 12 格的內容物。便當外包裝用白色的紙平整的包好，打開時就像拆禮物一樣。食物真的不錯，除了熟悉的鮭魚卵軍艦、蝦握壽司、鮭魚握壽司，小菜有玉子、照燒雞、野菜也很多樣。更有創意菜昆布魚肉捲，鰻魚飯捲，最後左上角再來個竹葉麻糬當甜點。一整套吃下來，不但視覺感受好，更像吃了頓日本料理，在火車上能有這種享受，真的很幸福。

❀Sunny

米飯：壽司使用的醋飯，黏度剛好，酸度剛好，和
　　　食材搭配得很完美。

主食：各類海鮮食材的壽司、軍艦等，新鮮滿點。

配菜：玉子、野菜等等，口味和口感也和各種壽司
　　　料理，搭配得天衣無縫。

❀大麥可

少量多樣，各自的口感和風味可以細細品嘗，就像是打電動時，一次打不同類的怪物一樣，沒有大Boss，不會大失血，也不會有雜魚一直攻擊。

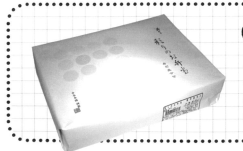

便當小檔案

發售店家：中央本軒
價格：￥1500
類型：壽司便當
Sunny 評等：★★★★

東京名物
深川めし
在地美味便當再一發

鰻魚

簡單的食材，適當的調味，就很好吃了。

蛤蜊

海味百分百，吃起來很有味道。

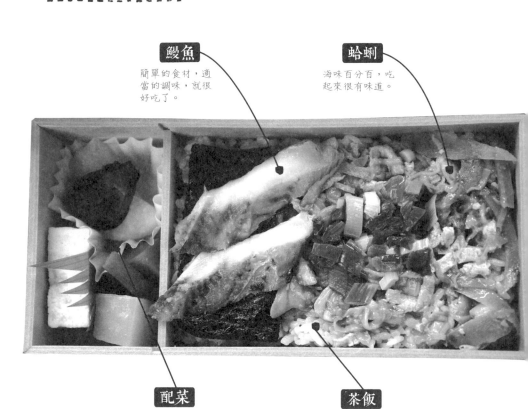

配菜

讓這個便當口味更多變的一大功臣。

茶飯

相較之下較普通的調味。

都來到東京了，在地的好味道一定要多嘗一點才是。繼上一個以深川煮為主題的便當之後，再來嘗嘗這個以鰻魚和蛤蜊為主角的深川風格便當。看看有沒有什麼不同，或是讓人驚喜的地方。

這個便當比起上一個，我覺得更充分表達了深川煮的風味，而且這個便當在東京地區也是屬於長銷便當，加上價格便宜，更多次入選知名便當的行列。所以如果只有一個選擇的話，建議從這個便當下手，體驗東京在地風味。

滿載海味的蛤蜊，配上 2 塊燒鰻魚，旁邊有提味的醃漬小茄子和蔬菜，玉子燒，味道相當多變的一品。

❀Sunny

米飯：無特殊之處。

主食：滿載海味的蛤蜊，配上 2 塊燒鰻魚，即使是
　　　常見的海鮮食材，吃起來也很有味道。

配菜：提味的醃漬小茄子和蔬菜、玉子燒等等的配
　　　菜陣容，讓這個便當味道相當多變。

❀大麥可

被 Sunny 吃光光了！

便當小檔案

發售店家：NRE 大增
價格：￥850
類型：特色便當
Sunny 評等：★★★

峠の釜めし
黃金傳說固定班底

香菇
香氣充足，也讓便當增加不同風味。

雞肉
調味精緻，讓人難忘。

杏桃
沒想到杏桃也可以當做便當菜，不錯吃喔！

栗子
口感很不錯。調味也很恰當。

鵪鶉蛋
陶鍋便當的標準配備。

竹筍
非常脆口好吃。

講起這個便當，日本電視節目黃金傳說的忠實觀眾，一定很熟悉。因為它可是黃金傳說每年票選的日本十大鐵道便當的固定班底啊！能夠連續 10 年都不被眾人遺忘，相當不簡單。

這便當本身歷史悠久，大約從 1950 年開始在橫川站販售了，後來賣太好，很多人想吃，但是橫川又是個小站，光是要到達這邊，就已經花掉許多時間，是個很不容易買到的便當。於是老闆聽到了大家的心聲，增加了販售點，於是在開車往輕井澤的路邊，或是輕井澤站都可以買得到這個明星便當。

看便當外包裝上，有個「釜」字，就會知道這個便當的特色就是用小陶鍋把許多美味的東西塞塞塞進去，而且小陶鍋有一點保溫的功能，所以吃的時候還帶點微溫，還剛好是很好入口的溫度呢！裡面每一樣配菜都水準之上，連飯都相當美味，難怪可以一賣 55 年還如此暢銷。

試吃報告

❀Sunny

米飯：超級美味的米飯。

主食：雞肉調味精緻，口感很好，非常好吃。

配菜：各樣配菜都在水準之上，讓人難忘。

❀大麥可

陶鍋還真的是陶做的，不是其他材質來唬攏的，不過我倒覺得吃起來比較普通，陶鍋外包裝完完全全是賣點。

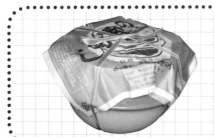

便當小檔案

發售店家：荻野屋

價格：￥1000

類型：造型便當

Sunny 評等：★★★★★

SUNNY 推薦
消熱量獨特景點！

Sky Tree 晴空塔

如果說東京最新最夯的景點，莫過於這 2012 年才開幕的晴空塔了。東京晴空塔是目前世界上最高的 634 公尺自立式電波塔，在塔的遼望台上可一覽整個關東地區，聽說天氣晴朗時甚至可以看到富士山。夜晚時更可以看到繁星密布的東京夜景，美不勝收。另外塔的下層商店區，共有 300 多間各式商店，販賣各種東京紀念品，更有許多是晴空塔限定商品，是個買伴手禮的好所在啊！

秋葉原

對秋葉原的印象還停留在電器街嗎？那你可就太小看秋葉原了。日本應該是二次元世界的首善之國，而東京的秋葉原更是全球動漫宅男宅女的聖地啊！不管你是要買電器，要買漫畫，要找模型，要找電動相關產品，想找女僕咖啡廳，男執事咖啡館，秋葉原一次滿足你所有需求，而且永遠提供的比你想像的還多喔！至於，還有什麼讓人驚奇的發現，就要靠你自己去發掘了！

東京 Disney Land & Sea

我認為東京迪士尼是全世界最特別的一座，不是因為占地或設施，而是這是一個入場遊客最融入迪士尼的一間！來東京迪士尼，遊客是最大看頭！（尤其是日本高中生）身上一定要和迪士尼扯上點關係才敢來啊！來東京迪士尼，仔細欣賞身邊日本女孩的打扮，一定會讓你在排隊排到天荒地老時得到一點安慰的。

平日：9:00~22:00，連假：8:30~22:00
票價：全票￥6200，學生票￥5300，兒童票￥4100。另有
　　　多種數日入園護照票券與晨光護照票卷可供選擇

台場 – 鋼彈博物館

現場這高達 18 公尺，以 1:1 比例打造的鋼彈，不管正面看，還是左看右看都好壯觀啊！不過，身為一個鋼彈迷，如果這 18 公尺的鋼彈沒辦法滿足你，別忘記後面的 DiverCity 二樓還有鋼彈咖啡廳，7 樓還有 Gundan Front 博物館，裡面有各種鋼彈相關展示，還有一個天幕劇院播放獨家影片喔！

地址：DiverCity Tokyo Plaza 7F, 江東區青海 1-1-10
時間：平日 10 時 ～ 22 時，星期六日及假期 9am ～ 10pm
票價：示先預約價，大人￥1000，中小學生￥800，當場購買價￥1200

淺草寺

講到東京最出名的寺廟，淺草寺說自己第二，大概沒人敢說第一了。光是門前的巨大雷門，就是遊客到此一遊的最佳拍照背景。每天從早到晚絡繹不絕的香客夾雜遊客，簡直比台灣夜市還熱鬧。在這不但可以參觀日本寺廟建築，前排的商品街好吃也好逛，最後在雷門下拍張到此一遊，堪稱完美行程。

57

大宮是崎玉縣內最大的交通樞紐，是通往新潟與東北地區的重要轉運點。雖然小小站沒有驚人的景點，但是美味的便當，卻值得你前來品嘗喔！

創作壽司牛肉乃卷
創作壽司的好滋味

燒烤牛肉
肉質不特別突出，但在燒烤醬的搭配下，非常好吃。

醋飯
酸得剛剛好，不簡單！

便當外表就標明了創作二字，其實就是類似在台灣日本料理店常常有師傅發揮創意的餐點一樣，畢竟在壽司的故鄉日本，每款壽司可都是有著歷史的。這款創作壽司便當，主要的食材就是牛肉，用牛

肉來捲住醋飯來呈現。因此，好不好吃的關鍵，就都取決於牛肉如何料理了。雖然肉質沒有讓人驚艷，但是燒烤醬倒是非常不賴，而且一捲一捲的，吃起來很方便，趕路的時候超適合。旁邊當然少不了日本便當裡的常備綠葉—醃漬小菜囉！

在這邊要小小提醒一下大家，新幹線上的小站便當，通常很快就會賣光了，如果想來趟鐵道便當之旅，或是有鎖定特定的便當，就得早早出門，最好在中午前買好。日文流暢的朋友，更可以事先預訂好，否則很容易撲空的！

😸 Sunny

米飯：醋飯恰到好處。

主食：牛肉肉質普通，但是搭配上甜甜的燒烤醬，也非常好吃。

配菜：3個醃菜，展現了日本人對醃菜的喜愛，吃起來還不錯啦！

😸 大麥可

一捲一次一口，大小剛剛好，光是這點我給滿分！

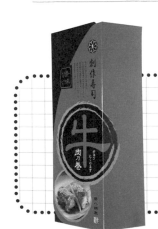

便當小檔案

發售店家：新宿便當大宮營業所
價格：￥1000
類型：壽司便當
Sunny 評等：★★★

早在江戶時代，就是重要的交通樞紐，如果沒有戰爭的摧殘，應該有很多值得一看的歷史建築或規劃，不過，還好宇都宮城、松峰教會、清岩寺鐵塔婆等建築，都幸運地被保留下來。還有，街道上到處都是餃子店，其實也不錯吃啦！

とちぎ霧降
高原牛めし
一次嘗到3種不同牛肉

牛肉

三個部位分別是肩、腿與筋，雖然調味不太特別，但一次吃到3種牛肉，也很值回票價！

配菜

由上而下為，葫蘆乾、豆皮、茄子。單是少見的配菜，吃起來很有新鮮感。

茄子

佃煮的不錯。

牛肉，真的是日本鐵道便當中，肉類便當中人氣最旺的，對我這愛吃牛肉的外國人來說，真的是天堂，而且日本的牛肉，真的好吃耶！所以看到這個便當，又有3種不同部位的肉可以品嘗，二話不說！買！

不過呢，我的舌頭可能是被和牛和牛舌寵壞了，吃這個霧降高原牛便當，除了牛丼以外，想不到其他的形容詞。比較吸引我的反而是旁邊的3種小菜，像是很軟的醬瓜，中間是口味清淡的豆皮，最下面是茄子的佃煮，這3個配菜都比較少見，倒是讓我有了新的味覺體驗。不過坦白說，以我這牛肉控來說，一個便當裡可以吃到3個部位的牛肉，肉質各異，也算是這個便當的一大特色呢！

試吃報告

❀Sunny

米飯：無特殊之處。

主食：3種部位的牛肉，調味並不特別，但一次嘗到
　　　3種肉質，也是不錯。

配菜：少見的配菜，讓人很有新鮮感。

❀大麥可

一次吃到霧降高原牛的3個部位的特點，加上少見
的小菜，讓這個便當加分許多。

便當小檔案

發售店家：松廼家
價格：￥1000
類型：牛肉便當
Sunny評等：★★

玄氣ひなり

便當也有健康概念

配菜

有蒟蒻、竹筍、紅蘿蔔、羊栖菜等等，味道也都很不錯。

稻荷壽司

豆皮既軟又濕潤，口感很好。

混合米

有充足的調味，好吃！

在壽司的國度裡，豆皮壽司一直是配角，但卻無法沒有它，不論是吃迴轉壽司還是到高檔壽司店，不吃一份怎麼樣都怪怪的。今天，在日本的鐵道便當裡，豆皮壽司終於成為主角了！而且還是走健康路線喔！

3個大大的豆皮壽司，裡面塞上玄米和一些雜糧拌成用昆布煮的飯，
豆皮軟而濕潤，飯有充足的味道，整體搭配很協調，旁邊干瓢、蒟蒻、
筍塊味道也都很棒，是個吃起來沒什麼負擔，很適合當早餐的便當。

另外，宇都宮還有個鐵道便當迷不可不知的歷史，那就是宇都宮是日
本鐵道便當的發源地，於明治時代這裡就開始賣出第一個便當。雖然
不如今天鐵道便當的多樣和華麗，但一樣給了旅人填補肚子的溫暖。
相較於今天，我能在日本搭新幹線，吃便當，真的好幸福。

試吃報告

❀Sunny

米飯：豆皮壽司內的米飯，拌入了充足的味道，好吃。

主食：豆皮既軟又濕潤，和米飯搭配起來，口感很棒。

配菜：配菜雖然簡單常見，但是味道很不錯。

❀大麥司

米飯和布袋（豆皮啦）口感很合，但是配菜就稍嫌
單調了一點。

便當小檔案

發售店家：松廼家
價格：￥500
類型：壽司便當
Sunny 評等：★★★

宮の釜めし
日本便當的小鍋流派

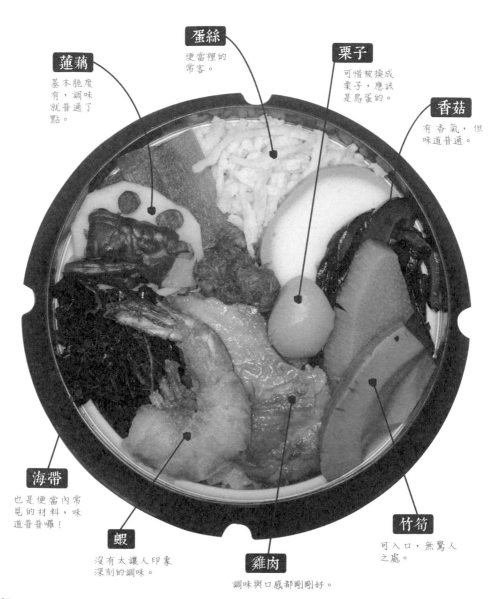

蛋絲
便當裡的常客。

蓮藕
基本脆度有，調味就普通了點。

栗子
可惜被換成栗子，應該是鳥蛋的。

香菇
有香氣，但味道普通。

海帶
也是便當內常見的材料，味道普普囉！

蝦
沒有太讓人印象深刻的調味。

雞肉
調味與口感都剛剛好。

竹筍
可入口，無驚人之處。

<big>這</big>枚便當是這次鐵道便當旅程中第二個以「釜」為造型的便當。這個「釜」其實就是類似小鍋子的造型啦！雖然和造型便當來比，這樣的外型樸素很多，但是當在一整排方型便當盒中，小鍋子造型，的確比較引人注意呢！可惜的是，這款便當是塑膠材質的，拿在手中的質感和輕井澤賣得出名釜便當，感覺差好遠啊！

打開來，便當裡面的內容物也相似，差別是，鳥蛋在這裡被換成了栗子，其他的大致相同，不過吃起來味道還是略遜一籌，但也不至於會讓人感覺買得不值得啦！和其他便當的美味程度比較起來，大概就是不好不壞囉。

 試吃報告

❀Sunny

米飯：無特殊之處。

主食：吃起來沒有特別的味覺驚艷，調味、口感都剛剛好，不特別突出，但也不會讓人覺得不好吃就是了。

配菜：感想同主食。

❀大麥可

味道普通，適合習慣粗茶淡飯，但喜歡外型的人。

便當小檔案

發售店家：松迺家
價格：￥800
類型：特色便當
Sunny 評等：★★

SUNNY 推薦
消熱量獨特景點！

松之峰教堂

這座教堂，特殊之處在於，它是全日本最大的石頭建築，從戰爭中倖存了下來。這是座天主教的教堂，使用了當地的石材建造，蓋得非常華麗壯觀，當時還是國外的建築師打造的。看著這些歷經戰爭的建築物，至今仍然可以矗立在街道上，心裡有萬分的感慨啊！

宇都宮城/ 宇都宮城址公園

在19世紀中，宇都宮城發生過一場戰爭，導致許多歷史建築遭到摧毀，宇都宮城也只剩下目前的一段城牆和一棟建築物，後來改建成公園，是日本百大歷史公園之一，雖然無法飽覽城池的美，不過，旅程累了時，在這裡歇歇也很不錯。

街道上的歷史課

路上三不五時，就會出現小石柱或是碑文，介紹著在
這個地點，古時候時是以賣什麼為主的，非常有趣的
是，我發現了專門治療馬匹的獸醫聚集處。日文通的
人，在宇都宮走走逛逛，應該可以很有成就感！

二荒山神社

神社在日本各城市都可以見到，位在宇
都宮的這個二荒山神社，其實在其他地
方也有同名的神社。對日本人來說神社
就像我們的廟宇，是信仰的中心，但是，
我覺得日本神社最特別的地方在於，也
是日本人結婚的場所，在古色古香的神
社中，看著穿著婚禮傳統服飾的新人走
過，真的有一種回到過去的感覺呢！

餃子之都，宇都宮

一到宇都宮，隨處可見林立的餃子
店，每一家都各有特色。其實，在日
本，宇都宮可是享有全國第一餃子的
稱號，許多日本人也是會慕名而來嘗
嘗的。更妙的是，就在宇都宮車站前，
還有一尊餃子的雕像，可見宇都宮人
對餃子有多麼的熱愛與驕傲。

仙台，雖然是個中型城市，但是在歷史上可是有著重要地位，伊達政宗更是仙台市發展的關鍵人物，奠定了城市根基，帶回歐洲的文化與友誼，也是仙台成為現在日本東北地區的文化經濟重鎮的基礎。

網燒き牛たん弁当
加熱便當與牛舌的銷魂美味

蘿蔔與配菜
牛舌太銷魂，完全忘了配菜的滋味了！

牛舌
又軟嫩又脆的牛舌。

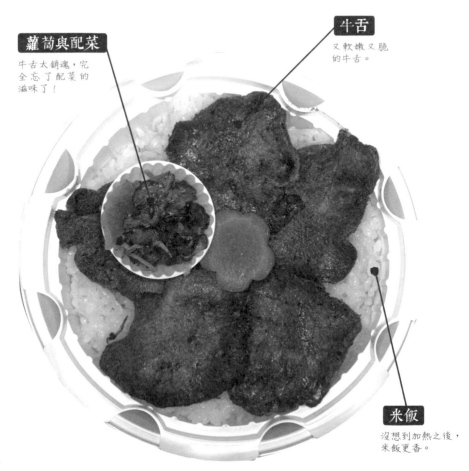

米飯
沒想到加熱之後，米飯更香。

這個便當在仙台站算是小有名氣的，看來應該是口味非常迷人！另外，他也是個加熱式的便當。加熱式的便當除了可以讓我這台灣人的嘴感到無比開心之外，其實，一抽拉繩子後，便當加熱時發出的聲音，以及冒煙的加熱過程，都讓人非常開心呢！

便當盒裡只有 5 片牛舌，看起來有點寂寞，好啦！我知道就算在台灣頂級燒肉店吃牛舌，也是只有幾片而已，我也只是想多吃點嘛！不過，這個牛舌，再再證明了，美好的食材只要簡單的調味就可以很銷魂了！不減牛舌口感的鹽烤美味，超棒！加上是熱的便當，唉呀，牛舌如果多一點，就可以得到我的 5 顆星了！

Sunny

米飯：加熱之後更好吃。

主食：原味牛舌稍微鹽烤，獨特的脆脆口感依舊，
　　　是一種說不出的美味啊！

配菜：有了牛舌，誰還記得配菜！

大麥可

便當果然還是吃熱的最好！

便當小檔案

發售店家：仙台站
價格：￥1000
類型：肉類便當
Sunny 評等：★★★★

むすび丸弁当

16 世紀的戰國名將在便當裡

造型飯糰
如果有點調味，應該會更有趣。

蘿蔔
很有造型的蘿蔔。

造型飯糰
由雜穀米捏成，有包東西的話，會更好。

配菜區
一個魚板、一份小松菜還有一份小甜點。

銀鮭
調味普通。

雞肉
吃起來還可以。

牛肉
以種類來說，主菜非常豐富。

有獨眼龍外號的伊達政宗，是仙台藩主，與豐臣秀吉與德川家康同一個年代，也立下不少汗馬功勞，征戰四方的他，參與了不少當時的知名戰役，一直以仙台為根據地。因此一到仙台就到處可見 Q 版的伊達政宗像，就連便當也不例外喔！

這個伊達政宗的紀念便當裡，有 2 個飯糰，都做成伊達政宗的不同造型，而且是卡通版本的，非常可愛，目前視覺滿分，不知道吃起來如何就是了。一口咬下，就見真章了，飯糰裡沒有包任何東西，稍嫌無趣了一點，看來光是可愛，可滿足不了我。

主食的表現也和其他便當相較之下，顯得普通，如果要打分數，那就是視覺滿分，口味正好及格的視覺系便當囉！

🌸Sunny

> 米飯：除了造型之外，如果可以有點調味或包點東
>   西，應該會更有趣。
> 主食：主食有熟鮭魚片、炸魚和雞肉，不過表現也
>   都很普通。
> 配菜：無特殊之處。

🌸大麥可

> 視覺滿分的便當，口感有點乾，但事實上有點捨不
> 得吃呢！

便當小檔案

發售店家：仙台站
價格：￥840
類型：紀念便當
Sunny 評等：★★

みやぎ
黃金海道
滿滿都是海味的誠意便當

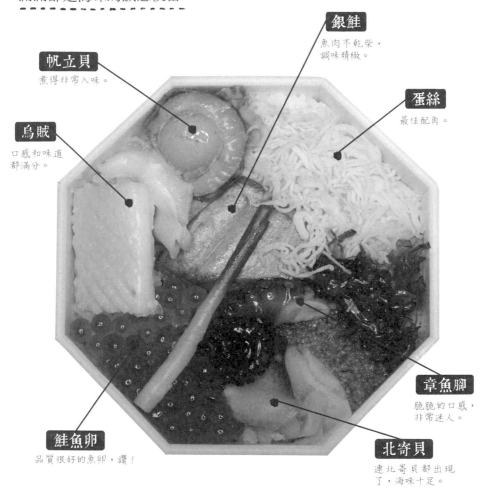

銀鮭
魚肉不乾柴，
調味精緻。

帆立貝
煮得非常入味。

蛋絲
最佳配角。

烏賊
口感和味道
都滿分。

章魚腳
脆脆的口感，
非常迷人。

鮭魚卵
品質很好的魚卵，讚！

北寄貝
連北寄貝都出現
了，海味十足。

是的，這個便當我給五顆星，不單單是因為我本人實在太愛吃海鮮了，而且小小一個便當裡，塞滿了各式海鮮，有的我甚至認不出來，一口魚鮮、一口貝類的美味、還有章魚腳……一定要給滿分的。

沒想到這個便當的海鮮用料這麼豐富，尤其是打開便當那一瞬間，立刻奪走我目光的鮭魚卵，還有一旁眾多貝類家族、帆立貝、北寄貝、以及一個叫不出名字的貝類，還有油亮油亮的章魚腳，光看這個陣仗，就讓人心滿意足了。

吃完這個便當，心情真的超級好，因為每一口都充滿著海味，還是不同的海鮮，超幸福的！

Sunny

米飯：有了海鮮，米飯不重要了啦！

主食：鮭魚卵吃得出好品質，章魚腳脆脆的口感很迷人，各種貝類都煮得很好吃，既有海味又有精緻調味，非常難得。

配菜：蛋絲和海帶的味道，完全被記憶中的海鮮美味所忽略。

大麥可

一打開便當盒，各種不同的海鮮都閃耀著美味的光芒，不論是小口品味還是大口吃下，都會有無比的滿足。

便當小檔案

發售店家：こばやし
價格：￥1000
類型：海鮮便當
Sunny 評等：★★★★★

SUNNY 推薦
消熱量獨特景點！

仙台城跡公園／伊達政宗像

有打過戰國無雙系列電動的人，應該都對伊達政宗不陌生，這位把細細的月亮頂在頭上的獨眼龍將軍，就是仙台城的開山始祖。可惜目前仙台城已經毀損了，只剩下一些斷垣殘壁。目前改成綠意盎然的青葉山公園，但是居高臨下，可鳥瞰仙台城，天氣好時更可以看到太平洋。反而成為市民休憩的好地方。而仙台城跡最顯眼的莫過於伊達政宗騎馬雕像了。是到此一遊照的好選擇。

牛舌

我在懷疑仙台的牛應該都是啞巴！不然哪來這麼多牛舌呢？話雖如此，來到仙台一定要吃牛舌的！仙台這邊最傳統的牛舌吃法就是碳烤厚切牛舌，但是後來發展到有各種料理方式，連鐵道便當也有出熱呼呼牛舌便當，真的是熱愛牛舌的一個城市。

松島

松島自古便和京都天橋立，以及廣島、宮島並列為日本三景之一，景色優美可見一番，還有立碑為證呢。其實松島並不是一個島，而是散落於松島灣內 200 多個小島的總稱，許許多多的小島散落海灣，上面的松樹姿態各異，不同的季節配合不同的天氣，不同的角度看起來都像一幅幅水墨畫。松島因為有許多小島，所以最適合的遊覽方式就是搭船穿梭於各島之間，搭船除了欣賞美景，還多了一個和海鷗近距離接觸的機會。

瑞嚴寺

既然到了松島，就不能錯過位在松島上的瑞嚴寺。瑞嚴寺是日本東北地區第一名寺，其前身是由慈覺大師創建的延福寺，後來伊達政宗花費整整 4 年的歲月建造而成，後更名為瑞嚴寺。瑞嚴寺也是日本國寶認證的寺廟，裡面除了傳統的寺廟建築外，還有伊達政宗的文物館可供參觀。瑞嚴寺內還有個有趣的地方叫鰻塚，因為日本人很愛吃鰻魚飯，所以為了眾多犧牲的鰻魚同胞們所立的塚，日本人真的很重情重義啊！

雖然是個觀光客比較陌生的城市，但卻讓台灣旅客有種意外的驚喜，因為建築物的風格像極了台北博愛特區呢！此外，也千萬不要錯過盛岡冷麵，從傳統到創新口味，應有盡有。

鮭はうこめし
鮭魚洄游的城市大啖美味

鮭魚肉
產地的魚肉，就是軟嫩！

鮭魚卵
吃進口裡會爆出鮮美汁液的魚卵，一級棒！

茶飯
也稍加調味的米飯，單吃也獨具風味。

雖然日本東北地區的名產,可以用海鮮來概括,但是每個城市還是擁有屬於自己的特色食材,例如:北海道的蟹、青森的章魚等等。盛岡市,更有你我最熟悉的魚鮮,那就是鮭魚。所以,不在這裡好好挑選個鮭魚便當,怎麼行呢!

盛岡為何會是鮭魚的故鄉,因為,在盛岡市內的河流-中津川,只要季節一到,就會有大量的鮭魚洄游,就跟我們在各種生態節目中看到的一樣,因此,不論是餐館中,或是便當內,都是產地直送的的尚青滋味。這個便當,也不譁眾取寵,畢竟有了別地方比不上的食材優勢,裡面很簡單安排了茶漬飯配上熟鮭魚和鮭魚卵,飯的調味相當重,是屬於單吃也可以的味道,加上品質不錯的鮭魚和鮭魚卵,雖然口味稍重,但是個鮮美的鮭魚便當。

試吃報告 ❀Sunny

米飯:米飯也有調味,即便單獨吃也很有味道。

主食:熟鮭魚和鮭魚卵,魚肉軟嫩,魚卵爆汁,兩者不同口感的搭配,讓人吃不膩,而且就在產地吃,品質更是不在話下。

配菜:幾片薑片,可以說是沒有配菜啦!

❀大麥可

以鮭魚為主題的便當,雖然對我來說單調了一點,但是對愛吃魚的人來說,應該可以獲得大滿足。

便當小檔案

發售店家:伯養軒
價格:￥1000
類型:海鮮便當
Sunny 評等:★★★★

奧入瀨黑豚 VS
十和田黑牛
和牛與白金豬的ＰＫ大賽

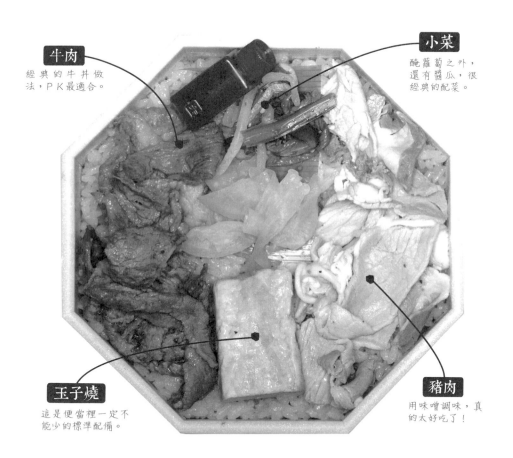

牛肉
經典的牛丼做法，ＰＫ最適合。

小菜
醃蘿蔔之外，還有醬瓜，很經典的配菜。

玉子燒
這是便當裡一定不能少的標準配備。

豬肉
用味噌調味，真的太好吃了！

其實，在日本的鐵道便當中，有些大一點的站，是可以買到別站的便當，不過，和站之間彼此的距離沒有絕對的關係，而是要看便當店有沒有開分店囉！所以這個便當，在八戶站也可以購得。

之所以會買這個便當來試吃，是因為覺得這個便當很有趣，將牛肉和豬肉都納入同一個便當內，在台灣頂多寫個豬牛雙拼，但是日本人就是要寫上對決二字，讓我也跟著想要ＰＫ一下，到底哪一種肉勝出！

2種肉的做法，在日本便當的世界裡也很常見，牛肉做成牛丼，豬肉用味噌醬料理，是不是覺得越來越有趣了呢！不過試吃的結果讓我自己也很訝異，因為一向偏愛牛肉勝過於豬肉的我，竟然覺得味噌豬肉比較好吃耶！可以一次嘗到2種肉類料理，愛吃肉的朋友應該不會輕易放過。

試吃報告

❀Sunny

米飯：飯的調味也相當重，比較不無聊一點。

主食：豬肉不肥不膩也沒有豬肉的怪味，再加上很好吃的味噌醬，一整個大加分，可惜牛肉稍乾了些。

配菜：玉子、醃蘿蔔和醬瓜等等配菜，完全在豬牛對決中失色了啊！

❀大麥可

豬肉和牛肉的對決，到底勝的是哪一方呢？當然是我啊！因為都被我吃掉了！

便當小檔案

發售店家：吉田屋（八戶站也可買到）
價格：￥1100
類型：肉類便當
Sunny 評等：★★★

SUNNY 推薦
消熱量獨特景點！

岩手公園（盛岡城跡）

雖然城跡二字中有個城字，但是在這裡幾乎看不到天守閣或其他建築物的身影，只有做為基底的石垣建築讓人還看得出來這裡曾經有個盛岡城。原來，盛岡城早在 1874 年，就整個燒毀殆盡，從此之後便荒廢在此，主事者也無力重建。後來岩手縣接管，便改名為岩手公園，因為既然改成了公園，重建的問題也就消失了。但也換來了一個，位在市中心地段，卻綠意盎然，範圍寬廣的市民休閒好去處。

岩手銀行中橋支店

這棟建築物眼熟嗎？沒錯，很像台灣的總統府吧。這是日本第一代西式建築大師辰野金吾和葛西萬司共同設計的作品。其實，從台北來的我們，來到盛岡有股特別的感覺，因為某些路段，會忽然感覺自己正走在博愛特區。這棟像總統府，另外那棟又長的像台灣銀行，真有一種他鄉遇故知的感受啊。

雖然辰野金吾沒有親手設計台灣總督府，但是卻擔任當時的審圖評審團的重要成員，而且當時他有非常多的學生來台發展，也將他的風格一併帶到了台灣，所以他的建築風格在許多台灣日治時期的建築物上都能看到。而這座美麗的建築物不光光只是日本的重要文化財，同樣也以銀行的作用服務著盛岡市喔。

石川啄木賢治青春館

就和岩手銀行中橋分行相距不到 50 公尺的地方，馬上就可以看到石川啄木賢治青春館。這 2 位都是盛岡出名的建築師，再加上這棟建築物本身是舊九十銀行本店，由另一位出名建築師橫濱勉所設計，所以參觀一個博物館可以連結到 3 位大師，很物超所值。

中津川

中津川和北上川兩條河流，都流經盛岡市，其中以中津川最為出名。因為河堤兩岸樹木扶疏，景色優美，更是賞櫻一大名處。再加上中津川是出名的野生鮭魚洄流區，季節對的時候，可以看到許多遊客站在橋上輕鬆的欣賞鮭魚洄流的自然奇蹟。

盛岡冷麵

從車站開始，就會看到盛岡冷麵娃娃的圖案鋪天蓋地而來，要讓人不注意這邊的名產是冷麵都很難。但是冷麵其實只是個統稱，做法天差地遠，有些加入中華料理元素變成担担冷麵，或是麻婆冷麵，韓國也來湊一腳變成泡菜冷麵，當然還有最簡單傳統的冷麵。所以來這邊一定要挑選自己喜歡的口味試試喔。因為到了盛岡沒吃到盛岡冷麵，就好像到韓國沒吃到泡菜一樣，很不應該啊！

盛岡傳統冷麵的吃法是先吃乾拌麵，嫌味道不夠的可以加點桌上的各種調味料，也可以打個半熟蛋增加營養，順便讓麵骨溜骨溜，最後吃完請老闆幫忙加湯，又是一碗美味湯品了，怎麼突然有種和維力炸醬麵似曾相識的感覺呢！

81

有無敵海景的八戶，比起繁忙的大都市，更有著一份寧靜。雖然比不上其他大城市多樣豐富，但是在海邊吃著日本知名和牛品種，前澤牛便當，以及美味的海鮮便當，也是一種享受。

前沢牛めし
便當裡的和牛滋味

蒟蒻絲

也是便當裡常見的角色。

玉子燒

當然少不了這一味囉！

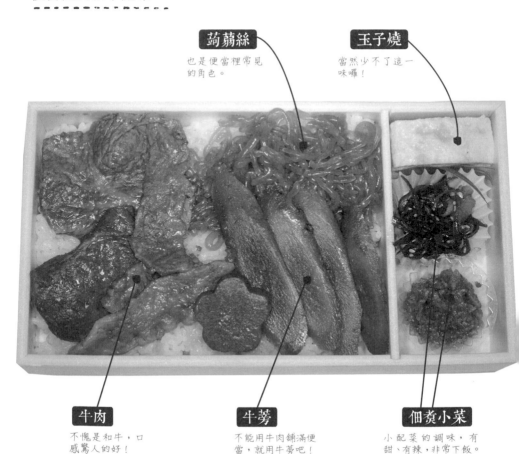

牛肉

不愧是和牛，口感驚人的好！

牛蒡

不能用牛肉鋪滿便當，就用牛蒡吧！

佃煮小菜

小配菜的調味，有甜、有辣，非常下飯。

前澤牛是日本有名的和牛品種之一，產區在東北地區，所以東北地區的這幾站都可以買到前澤牛的便當。不過呢，因為因為前澤牛實在是很貴，所以幻想中牛肉鋪滿整個便當的情景，是不可能實現的啦！便當裡的牛肉，大概只佔了一半的面積，另一半則是用滷的還不錯的牛蒡和蒟蒻絲來填補。不過牛肉重質不重量，和牛的口感真的不同，比較肥，但是吃起來一點也不油，還有著滑嫩口感，而且牛肉味很足。

可惜來的時間，沒趕上 10~4 月，否則這裡還會推出牛肉刺身便當，那應該更是咬一口就想飛上天了的愉快感受吧！另外小菜部分，有甜味的核桃小魚乾，還有一個吃起來像辣味豆腐乳的小菜，一整個很下飯。如果牛肉鋪滿整個便當，就會有 5 顆星了！

試吃報告

❀ Sunny

米飯：無特殊之處。

主食：和牛果然是和牛，油花的分布，讓肉吃起來的滑嫩口感，非常讓人驚訝。

配菜：甜味的小魚乾和辣味的小菜，不只讓便當味道更多元，也非常下飯。

❀ 大麥可

牛肉非常軟嫩，入口即化，吃再多也不會膩。吃了牛肉，配菜和飯都不算什麼了。

便當小檔案

發售店家：八戶站(盛岡站也可買到)

價格：￥1200

類型：肉類便當

Sunny 評等：★★★★

市松壽司
好看又好吃的氣質款

蟹腳肉
口感和鮮美兼具的蟹腿肉，吃起來非常過癮！

鮭魚卵
會爆汁的魚卵，超棒！

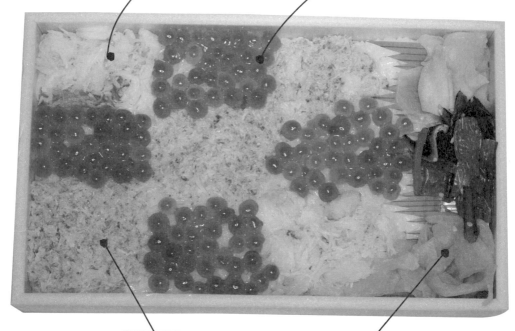

蟹肉絲
給得很大方的蟹肉絲，吃得出清甜。

蘿蔔
在美味無敵的海味之前還是有些小配菜來點綴一下。

壽司便當除了一小格一小格排放整齊的便當之外，即便沒有小格子，日本壽司便當也會將食材排列整齊，或是藉由排列創造出圖形，像這款市松壽司便當，就充分展現了，日本人真的很愛把各種食材排整齊的特性。

其實也只有 3 種主食，分別是，鮭魚卵、蟹身肉、蟹腿肉組合成的 1 個海鮮便當。但是，卻花功夫的排成九宮格，每個食材都在自己的位子上坐得好好的，很精巧的便當文化。

這個便當可以獲得 5 顆星，完全靠鮭魚卵，和函館站的海膽便當比較起來，這個便當的鮭魚卵，更加好吃，吃得出來等級又更高一點，不過，話說回來，在主角是海膽的便當裡，當作綠葉的鮭魚卵也不好太出風頭。鮭魚卵外，加上蟹肉和蟹腿絲肉，這整個便當完全征服愛吃海味的我！

😄Sunny

| 米飯：普通。 |
| 主食：鮭魚子咬下會噴汁，真是太過癮了，甜甜的蟹腿絲肉，以及鮮味十足的蟹身肉，海味十足。 |
| 😄配菜：被蟹肉的美味完全搶了風采。 |

大麥可

把主食和米飯一起吃，口感最棒，食材彼此之間可以達到最美味的境界。

便當小檔案

發售店家：吉田屋
價格：￥1150
類型：壽司便當
Sunny 評等：★★★★★

SUNNY 推薦
消熱量獨特景點！

種差海岸

種差海岸，在 2013 年 5 月剛剛成為國立公園，因此在車站內外，都有不少廣告吸引著遊客的目光，我們也放棄了本來要前往大吃的漁市場，跳上火車，前往這個廣告看板上美麗的海岸。種差海岸最有名的景色就是這大片草皮和海水連成一線，草地真的很漂亮，海水真的很讓人放鬆呢！

蕪島神社

這個神社的觀光重點，在於於此地復育的燕鷗，在日本又稱做海貓的基地，有很多的燕鷗在這一帶。這些鳥兒們也不怕人，甚至跟著遊客一起在海灘同樂，形成了另一番風景，也有另一番樂趣。

鮫站觀光巴士

鮫站像許多日本城市一樣也有專屬的觀光公車，各個觀光景點都很方便到達，車上也有解說小姐，穿著藍白洋裝、戴著帽子，背著小包包，用輕柔的語調介紹著沿路的景點，我們索性先從起站坐到終點，下車後再馬上上車，到達我們要去的景點，讓司機和隨車小姐有一點點受到驚嚇就是了。

巴士票價：每人￥100。

十和田湖

距離八戶稍微有點距離的地方，則是日本東北非常出名的拍照勝地－十和田湖和奧入瀨溪流。

十和田湖有點像台灣的日月潭，山中有湖，湖中又有山。但是面積比起來大太多了，而且設立成國家公園，周邊的建設較少，更讓人有一種身在自然的美感。十和田湖其實是火山爆發形成的火山湖，但不同於一般封閉式火山湖，十和田湖有個出口。出口就是賞楓很出名的奧入瀨溪，兩個超美景點可以一次收集到手！另外，八甲田山也在附近，因為大部分樹木都是變色葉，再加上火山運動造成的大小湖泊，每年都吸引大批攝影同好來取景。

一提到函館或北海道，腦海裡的印象滿滿都是海鮮！而兩邊峽灣所造成的狗骨頭型夜景更是和香港、義大利那不勒斯並稱為世界三大夜景。

鰊みかぎ便當
海底車站的鐵道便當滋味

鰊魚卵

相較於魚肉，是清淡的，但搭配起來非常美好。

鰊魚肉

毫不客氣地下重口味，超級下飯。

北海道新幹線目前正在施工中，預計 2016 年開通，但是要前往北海道地區仍然是有其他火車路線可以搭乘的，更何況，怎麼可以錯過北海道地區的便當呢？螃蟹、章魚等等名產，實在太誘人了。這次我們到新青森站轉搭津輕海峽線，抵達函館站，這還是一條穿過海底的鐵路！非常棒的體驗。

回到便當主題，鰊みかぎ便當是函館 NO.1 人氣便當，是從月台人工販賣便當的時代，就已經存在的長銷便當。嘗起來呢，我想最簡單明瞭的口味比喻，可以這麼說，若將先前嘗過的元祖鯛便當比喻成魚鬆便當，那這個鰊みかぎ便當，就可以比喻成是海底雞口味便當。因為不管是味道還是口感，都非常相像，而且稍重的口味，非常下飯！

試吃報告

❀ Sunny

米飯：無特殊之處。

主食：鰊魚味道很重，非常下飯，一旁的魚卵則是味道清淡，咬起來像未調味又整塊的明太子，兩者味道搭配的非常完美。

配菜：無特殊之處。

❀ 大麥可

鰊魚因為沒吃過，記憶中沒這個味道，搭配上魚卵緊實的口感和清淡的味道，對我來說是新的體驗。

便當小檔案

發售店家：みガど函館
　　　　　營業所
價格：￥840
類型：海鮮便當
Sunny 評等：★★★

蝦夷ちらし弁当

北海道必吃海鮮便當

帆立貝
看這個個頭，就可以想像
在嘴裡的完美口感了！

鰊魚
比起上一個鰊魚便當，
這裡的更能呈現原味。

蟹肉、鮭魚卵、海膽
這三大天王一起放入便當，讓
人光是用看的就滿足了！

鰊魚卵
魚卵當然一定要有的，否則就
不是個完美的海鮮便當了。

當一想到要來北海道，我滿腦子就是滿滿的海鮮啊！帝王蟹、松葉蟹、毛蟹、海膽、鮭魚卵……各式各樣的海鮮。而函館也的確不讓人失望，一抵達函館，觸目所及都是令人食指大動的海鮮！當然便當也得鎖定幾款海鮮才行！

尤其這一次來函館的目標就是進攻「海鮮便當」。這個便當屬於什麼
都有的款式。內容物有：蟹肉條，不是蟹肉棒喔！是整條蟹腿肉！漬
鮭魚卵、海膽、魚卵、鰊魚刺身、鮭魚刺身、帆立貝、另外當然還有
玉子和一些小菜。

光是這樣的陣仗，就已經讓人看得很開心了，吃起來更是爽度十足，
而且和價錢比較起來，這是 CP 值很高的便當，還可以一次吃到北海
道的海鮮大集合。

❀Sunny

米飯：無特殊之處。

主食：海鮮不用太複雜的調味，就是最好的料理方
　　　式，滿口海味與自然的鮮甜，太無敵了！

配菜：配角扮演得相當好。

❀大麥可

在台灣有些要價很高的海鮮類，在便當裡都放上了，
不愧是以海鮮出名的北海道，海鮮控不要錯過！

便當小檔案

發售店家：函館
價格：￥1260
類型：海鮮便當
Sunny 評等：★★★★★

うにいくら弁当
滿滿海膽的超級便當

海膽
這誘人的海膽,可以再多放一點嗎?

蛋絲
和玉子燒同樣是最佳配角。

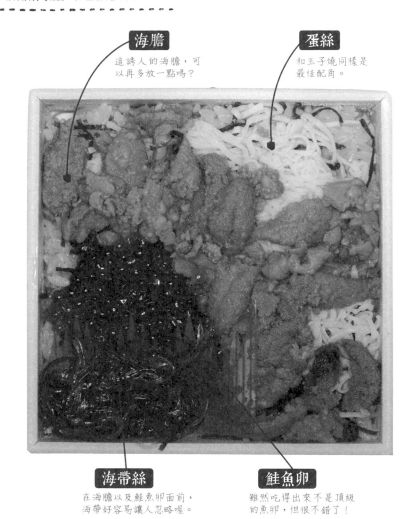

海帶絲
在海膽以及鮭魚卵面前,海帶好容易讓人忽略喔。

鮭魚卵
雖然吃得出來不是頂級的魚卵,但很不錯了!

啊!!!終於吃到啦!這是當我買到這個便當,吃下第一口心裡發出的興奮怒吼。因為,這便當是當我一看到照片,就已經在心中暗自許願,非吃到不可的便當。當然,這也是函館的名物。

但是，第一天到函館時，已經下午了，店頭早就已經完售了。但是，怎麼可以就此放棄呢！對吃一向有堅強意志力的我，硬是和不懂英文的歐巴桑店員比手畫腳，完成了預訂。原來他們早上 6:30 就開門營業了，這個海膽便當，一天只有 3 個，一定得是「預約確實」才能吃到的便當。

也許是我期待太過強烈，一打開我有一點小小的失望，照片中不是海膽鋪滿滿的嘛？怎麼只鋪了九成滿呢，生氣！好啦！我也只是想多吃一點嘛！不過撇開這點，這個便當真的好好吃啊！雖然這鮭魚卵和海膽都不是頂級貨，濃郁度稍微差了一點，但是這樣每口咬下不是鮭魚卵和飯，就是海膽加飯，已經是一種無法挑剔的幸福了。唯一美中不足的就是為何一天只賣 3 個，太難買了啊～

試吃報告

❀Sunny

米飯：因為海膽太好吃了，米飯完全被我忽略。

主食：整條整條的海膽，不是碎的，著實令人感動，雖然不是頂級品，但是每一口都有海膽的滋味，超棒！

配菜：因為海膽，讓我幾乎忘了配菜的存在。

❀大麥可

海膽鮮度足夠，配菜中一大票的鮭魚卵，也非常有誠意。

便當小檔案

發售店家：函館站
價格：￥1260
類型：海鮮便當
Sunny 評等：★★★★★

いかわっぱ
海鮮便當再一發

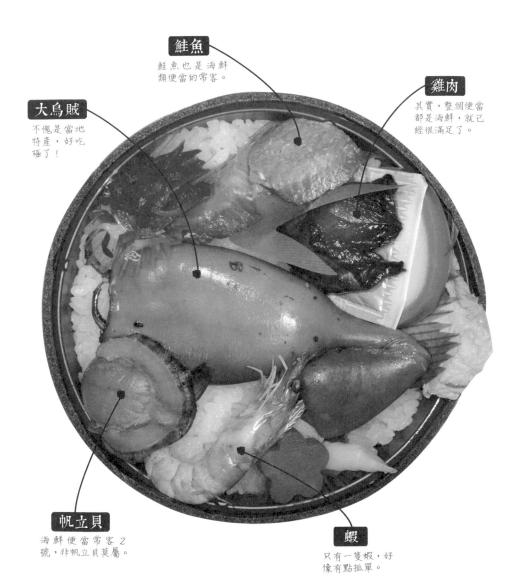

鮭魚
鮭魚也是海鮮類便當的常客。

雞肉
其實，整個便當都是海鮮，就已經很滿足了。

大烏賊
不愧是當地特產，好吃極了！

帆立貝
海鮮便當常客2號，非帆立貝莫屬。

蝦
只有一隻蝦，好像有點孤單。

館當地出名的海鮮，還有烏賊！這也是一定要嘗到的便當。不過，也許是因為海膽便當太銷魂了吧！剛剛打開這個便當時，有那麼一點覺得有點普通。

不過，便當中的主角，烏賊先生，果然不辜負身為函館特產的期待，吃得出新鮮，口感也非常好。

品嘗完烏賊先生，只有一個感想，不愧是我最愛日本烏賊的故鄉，果然到當地來吃，才能吃到真正的美味呢！其實，更北一點的森站，才是烏賊便當的大本營，可惜，這趟旅程時間有限，只好下次再說了。

試吃報告

❀Sunny

米飯：無特殊之處。

主食：烏賊非常美味，肉質有彈性卻不難咬。

配菜：達到一般水準。

❀大麥可

烏賊腳被塞在烏賊的肚子裡，不要誤會是店家偷工減料喔！

便當小檔案

發售店家：函館
價格：￥950
類型：海鮮便當
Sunny 評等：★★★

SUNNY 推薦
消熱量獨特景點！

金森紅磚倉庫

明治 40 年所建築的金森倉庫，是當
初開港接收異國文化的前哨站，現
在則是改成熱鬧的商區，一邊欣賞
著古色古香的倉庫建築物，一邊吃吃喝喝逛大街，好不愉快。有個幸
福之鐘，不管靈不靈，總是要敲一下的。另外，北海道第一步的地碑，
一隻可愛白色熊的雕像，則是為百年前明治時代開發北海道做紀念。
這區有許多的紀念建築以及小景點，好好逛可以待上一整天。

電話：0138-23-0350
地址：北海道函館市末廣町 14-12
時間：金森洋物館，函館歷史廣場，BAY 函館，9:30 ～ 19:00。金森美術館，10:00~18:00。
票價：金森美術館，全票￥400、學生￥300、兒童￥200

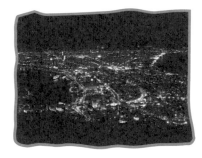

函館夜景

和香港、義大利那不勒斯並稱世界三
大夜景的函館夜景，不以閃亮度吸引
人，而是以兩邊港灣夾著中間狹窄的
城市燈光的獨特造型取勝。看起來像
一個閃亮的狗骨頭，別具特色。

湯之川

擁有 400 年歷史的湯之川溫泉，電車於
湯川溫泉站下車，對面就可以看到足湯
設施。不用花錢就可以讓腳熱呼呼的。
後面則是溫泉住宿區以及溫泉街，每年
夏天還會舉辦溫泉花火大會。

路面電車

有著百年歷史的函館路面電車，是函館
的主要大眾交通工具，雖然路線不多，
但是觀光景點基本上都可抵達，也有一
日乘坐券，在函館觀光可多加利用。

函館朝市

來到函館最不能錯過的就是海鮮！海
鮮啊！這函館朝市，不但有賣新鮮海
鮮，旁邊也提供即時料理服務，來這
走一趟必定可以滿足愛吃海鮮的心。

電話：0138-22-5330
地址：函館市若松町 9-19
時間：5:00 ～ 15:00 左右

西波止場美術館

西波止場其實是一間海鮮市場，但是西波止場美術館可和海鮮八竿子
打不著關係，他雖名為美術館，但其實是個泰迪熊博物館。裡面展示
各種和泰迪熊有關的展品，喜歡泰迪熊的朋友一定會沉溺在這裡的。

時間：10:00 ～ 18:00
票價：成人￥550、中學生￥450、小學生￥350

幕後花絮

列車風情——新幹線

鐵道迷眼中的好物

大麥可可以說是一個鐵道迷，這趟吃便當之行，也是他收集車站印章和看遍新幹線的旅程。其實日本的新幹線挺有趣的，很多不同的外型，車廂內部空間也很寬大舒適，有時候在月台等車等著，不同的新幹線列車一起停靠的時候，各種顏色、各種型號的列車並列，那個畫面也是非常有趣呢！

新幹線 N700 系列列車，有紀念便當款的車型。

東海道新幹線 R500 系列列車。

上越新幹線 E4 系列列車，唯一的雙層列車。

月台上其實常常見到這樣列車
並排的可愛畫面。

停滿列車的月台，
其實很壯觀。

東北新幹線 E5 系列列車。

綠色 E5 列車與
紅色 E6 列車的
接吻照。

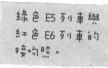

上越＋北陸新幹線

深入中部的名城滋味

米的故鄉，和牛的產地，
新潟讓你從此愛上米飯和牛肉，
再加上雪人便當那千變幻化的表情……
以及如畫般的幕の內便當，
讓你透過吃感受日本人對細節的堅持。

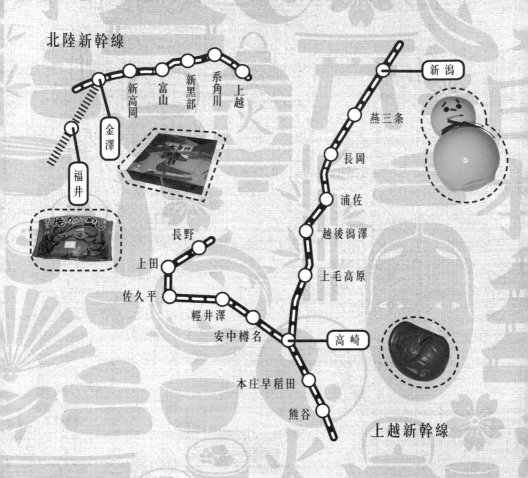

北陸新幹線

新高岡　富山　新黒部　系角川　上越

金澤

福井

長野

上田

佐久平

輕井澤

安中榛名

本庄早稻田

熊谷

燕三条

長岡

浦佐

越後潟澤

上毛高原

高崎

上越新幹線

搭乘秘笈 ·············

上越是指從東京到新潟這條新幹線，長野是東京到長野這段。2條在高崎站開始分道揚鑣。目前正在興建的北陸新幹線則是會再把這2站和目前的北陸本線通通連接起來。而在北陸新幹線還沒開通的現在，日本北陸還是得依賴信越本線和北陸本線來連絡。

這邊的路線比較複雜，搭乘前得比較仔細地研究時刻表。而且幾乎都要換車才有辦法回到大阪。但是日本的火

車時間安排的很好，時刻表也會告訴你某些特急車如何轉搭到下段車。

舉例：7:55從新潟站搭特急北越2號，11:31分到金澤，就可以轉搭11:54的另一台特急14:37到大阪。但是直接貫穿信越本線和北陸本線的車幾乎只有寢台列車，大部分都是要換至少一趟車，所以在北陸新幹線完工前，要到這一帶來，就要多花點功夫研究時刻表和路線了。

沒想到在這個小城市裡，被我發掘出了個分數很高的便當，尤其這個造型便當，讓我對外表大於內涵的造型便當大大改觀，如果你的旅程不急不忙，多走走小站也很值得喔！

だるま弁当
達摩帶來的美味體驗

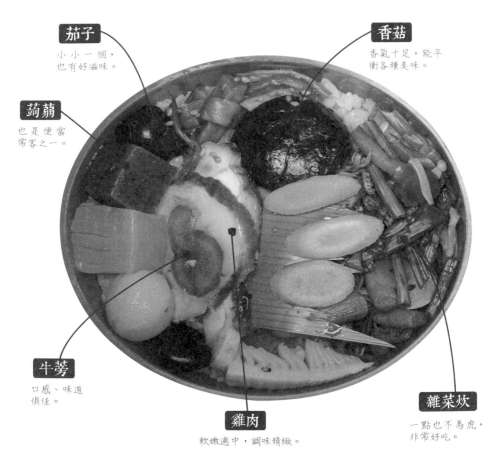

茄子
小小一個，也有好滋味。

香菇
香氣十足，能平衡各種美味。

蒟蒻
也是便當常客之一。

牛蒡
口感、味道俱佳。

雞肉
軟嫩適中，調味精緻。

雜菜炊
一點也不馬虎，非常好吃。

這個便當對鐵道迷或是常常前往日本自助旅行的人來說，應該不陌生，因為它常常出現在介紹鐵道便當的書籍中。大家看到這個便當外型，應該也能輕易的就認出是達摩像。原本不太預期可以遇到這個便當明星，但是在長野往高崎的新幹線上被我發現了！既然本尊駕到，當然要好好品嘗一下。

一打開便當，映入眼簾的是非常多種類的料理，有1片雞肉，1片豬肉卷，中間還有牛蒡、1塊筍子、1朵香菇、1顆醬瓜、1顆煮大豆、雜菜炊等等。但是每一樣都不馬虎，每一樣都相當好吃，搭配的茶飯，也不會搶走食材的風采。整體非常完美的便當，而且達摩便當還挽救了造型便當在我心中，看起來比吃起來美味的名聲，真的是內外兼顧的一個便當。請容我私心的因為便當盒可以當儲金盒，而再替它加上1顆星。

試吃報告

❀ Sunny

米飯：茶飯調味適中，不會太重，成功地襯托菜餚。
主食：雞肉和豬肉捲，肉質軟嫩適中，調味也很精緻。
配菜：每個配菜都很好吃喔！

❀ 大麥可

吸引人多看幾眼的外型之外，便當是關西便當常見的味道，清淡而不鹹，是炎熱午後的最佳選擇。

便當小檔案

發售店家：高崎便當
價格：￥1000
類型：造型便當
Sunny 評等：★★★★

新潟,對於大家來說應該不陌生,因為這是是日本米越光米的大產區。除了種出優質米以外,新潟附近因金山而聞名的佐渡島更是知名觀光景點,更是日本最大的島嶼,值得花上一天好好體驗。

新潟和牛弁当
百吃不膩的和牛

和牛
調味雖然重了點,但是非常下飯。

玉子燒
充滿蛋香的好吃玉子燒。

梅汁蘿蔔
非常爽口,平衡了整個便當的味覺。

米飯
是新潟米喔!

Again，我們受不了「和牛」這兩個字的誘惑，本來就愛吃牛肉的我們，來到了又以和牛聞名的日本，怎麼可能忍得住呢？！於是，想都不用想，一點遲疑都沒有的，我們又買了和牛便當。不過，也讓我們知道，原來新潟不只有出名的米還有和牛呢！

一路吃來的和牛便當，大多以牛丼的形式出現，新潟這個便當也不例外。不過，吃起來比宇都宮的好吃許多，便當整體在主食和配菜的味道方面搭配得很好。比較不同的是，新潟和牛便當，是另外用牛蒡代替洋蔥，雖然有點不一樣，但是對我來說反而很下飯呢！玉子燒也不走大家常見的滑嫩口感，反而吃起來像是台灣的烘蛋，一股熟悉感又在異地浮現了，好親切啊！甚至讓我一度想起菜脯蛋呢！

試吃報告

🌼 Sunny

米飯：牛丼的最佳配角。

主食：牛肉雖然不非常軟嫩，但是調味稍重，很下飯。

配菜：梅汁蘿蔔干清爽可口，剛好平衡牛肉較重的調味，煎得較乾的玉子，反而有股台灣味，很有趣。

🌼 大麥可

我反而不喜歡牛蒡的出現，感覺影響了和牛的王者地位呢！

便當小檔案

發售店家：三新軒
價格：￥1050
類型：肉類便當
Sunny 評等：★★★★

雪だるま弁当
超卡哇伊雪人陪你吃飯

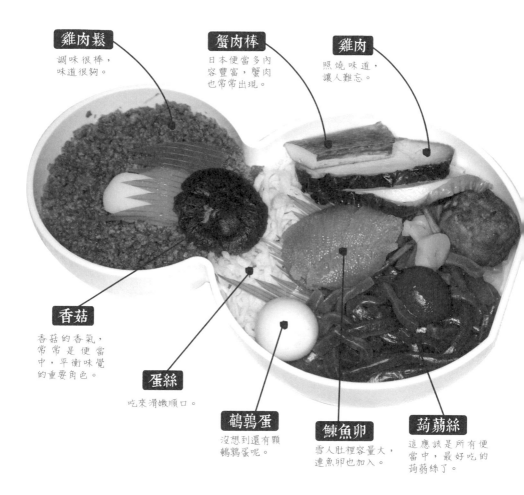

雞肉鬆
調味很棒，味道很夠。

蟹肉棒
日本便當多肉容量豐富，蟹肉也常常出現。

雞肉
照燒味道，讓人難忘。

香菇
香菇的香氣，常常是便當中，平衡味覺的重要角色。

蛋絲
吃來滑嫩順口。

鵪鶉蛋
沒想到還有顆鵪鶉蛋呢。

鰊魚卵
雪人肚裡容量大，連魚卵也加入。

蒟蒻絲
這應該是所有便當中，最好吃的蒟蒻絲了。

幾次造型便當吃下來，總讓人有造型、美味難兩全的感覺，但是經過達摩便當的美味震撼之後，讓我對造型便當有了無比的信心。

所以，到了新潟一看到這個雪人便當，二話不說又買了下來，試吃結果，果然一點也沒讓我失望啊！

論外表來說，雪人的可愛程度，超級討喜，看著看著心情也都跟著愉快起來，而且這個便當外盒，吃完後還可以當儲金箱，更妙的是眉毛還可以動，變換不同表情，實在是太值得收藏了。

便當內雖然沒有什麼貴鬆鬆的食材，但是菜色非常豐富。在雪人頭部裝的是雞肉鬆和白飯，身體的部分則是一片香菇、兩片照燒雞，還有為數不少的野菜，飯量也不少喔！吃這個便當的時候，還有種探索的樂趣呢！不過，上方的小小雪人造型魚板，讓人很不好意思咬下去啊～實在太可愛了！這絕對是個好吃又好玩的便當。

試吃報告

🌼Sunny

米飯：和雞肉鬆搭配起來非常好吃。

主食：雞肉鬆、燒雞味道十足，非常好吃。

配菜：最讓人驚豔的就是蒟蒻，因為這是日本便當裡的常客，至此我已經連續吃了 7 天的蒟蒻了，但是這便當的蒟蒻絲好好吃呀！鹹淡適中，口感很好，讓人一口接一口。

🌼大麥可

內外兼具的便當，外表可愛到破表，內容物也好吃，不愧是雪之王國新潟想出來的便當。

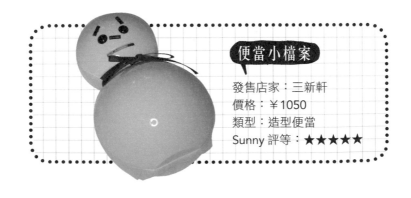

便當小檔案

發售店家：三新軒
價格：￥1050
類型：造型便當
Sunny 評等：★★★★★

えび千兩ちらし

在便當裡尋寶的有趣體驗

玉子燒
吃起來味道，
其實很台灣。

蝦肉碎片
既有海味，也
具有裝飾性

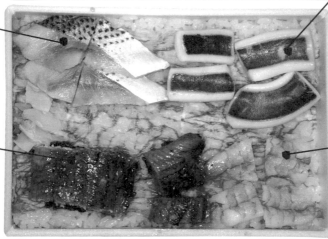

鹽漬花枝
鹽漬風味明顯。

油魚
這就比較少見
了，值得試試。

蒲燒鰻
來日本最大
的好處就是，
可以常常吃
到鰻魚。

蒸蝦
吃得出來蝦子
本身的清甜。

這個便當早在出發前，就已經在日本的鐵道便當書中看見，那時候只看到照片上有 4 片大大的玉子燒，蓋住了整個便當，但是卻要收￥1200，心裡直呼，也太不合理了吧！

不過,好在書中有寫出來,這個便當還有著隱藏的美味,但到底是什麼呢?抱歉,我的日文不太行,就乾脆當作是一個謎,等我親自來到日本尋找答案吧!為了發掘這所謂的隱藏美味到底是什麼,我可是站在便當店前面,癡癡地等著店家開門,不管如何,我是一定要搶到這個便當的。

終於,店家開門營業了,我順利的拿到這個便當寶盒。趕緊把玉子燒翻開往下一看,原來藏了蝦、花枝、穴子以及醃魚,這些菜和飯中間還夾著一層薄薄的海菜增添滋味。滿足了好奇心後,我便心滿意足的把這個便當交給我的五臟廟了。

試吃報告

❀Sunny

米飯:無特殊之處。

主食:玉子燒仍舊很有台灣味,只是切薄了較不明顯,海鮮類也有各自風味,但無驚人之處。

配菜:無配菜。

❀大麥可

便當外的包裝,是可以取下來當明信片的,可以告訴台灣的親友,在日本吃的便當有多好!

便當小檔案

發售店家:三新軒

價格:￥1200

類型:特色便當

Sunny 評等:★★★

まさかいくら
なんでも壽司
海鮮排排站的便當

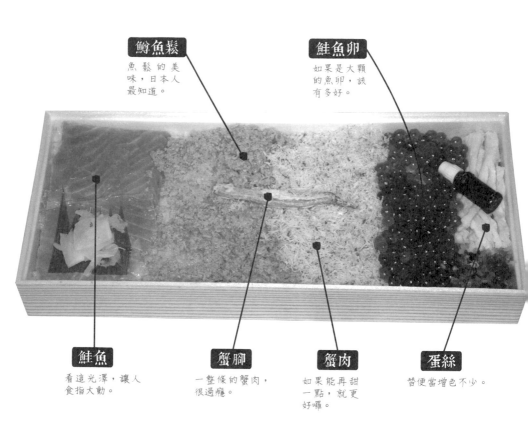

鱒魚鬆
魚鬆的美味，日本人最知道。

鮭魚卵
如果是大顆的魚卵，該有多好。

鮭魚
看這光澤，讓人食指大動。

蟹腳
一整條的蟹肉，很過癮。

蟹肉
如果能再甜一點，就更好囉。

蛋絲
替便當增色不少。

在鐵道便當的世界裡，其實常常可以發現日本人堅持的性格的特色，以及對小細節的留心，比方說便當內食材的擺排，幾乎都像是精心設計過的，或是外包裝的設計等等，這些小地方，真的都很讓人賞心悅目。

而這個壽司便當也是一樣，把所有食材排排站好，不同顏色的排列起來，也真的像是一幅畫呢！這個便當的組成為鮭魚卵、蟹肉、鱒魚鬆、鮭魚片、看起來非常吸引人。不過，鮭魚卵是小顆的，蟹肉能夠再甜一點，會更好，醃鮭魚片切得非常薄，雖然有點吃不過癮，但至少便當整體而言，分量是足夠的啦！算是大碗滿意型的款式，大胃王們，可以試試看喔！

Sunny

米飯：	無特殊之處。
主食：	和其他鮭魚卵和蟹肉為主的便當一比較之下，就稍微遜色了一點，不過主食種類多，分量也多，也是可以讓人吃得很滿足。
配菜：	無配菜。

大麥可

3 種海鮮齊發，就像是支海鮮勁旅，要進攻大家的胃，大家可要全力應戰。

便當小檔案

發售店家：三新軒
價格：￥1050
類型：壽司便當
Sunny 評等：★★★

SUNNY 推薦
消熱量獨特景點！

萬代橋

萬代橋最早建於 1929 年，橫跨於日本最長的河川－信濃川，當初在還沒蓋萬代橋時，東西兩岸的居民只能靠渡船來往兩岸，很不方便。於是蓋了萬代橋。目前看到的萬代橋是三代目，同樣還是擔任著新潟新舊城區的主要交通要道。而萬代橋幾乎成為了新潟市的代表，所以在 2004 年被指定為國家重要文化財。

越光米

新潟這兩個字，對於大家應該不會太陌生，因為他是日本越光米的最大產區。越後山脈的清澈雪水加上溫差大的天氣，醞釀出這日本首屈一指的越光米。這越光米出現在漫畫裡，可是會發光的一碗飯，吃起來濕潤而不軟爛，帶著微微的甜味，日本米的美味真的在越光米上嶄露無遺。

佐渡島盆舟

佐渡島裡的小木地區有個深受觀光客欣賞的體驗活動，就是搭盆舟！盆舟是小木港的象徵，原本盆舟是在岩場邊採集像海菜，鮑魚，海螺等海產時使用的船，現在特別讓觀光客可以搭這像洗澡盆的東西搖啊搖過海。這可是在佐渡島這邊獨有的觀光活動喔！

電話：0259-86-3200
洽詢處：小木觀光案內所
時間：8:20 ～ 17:00，新年期間公休
票價：大人￥450、兒童￥300

電話：0259-74-2389
時間：4 ～ 10 月期間：8:00 ～ 17:30
　　　11 ～ 3 月期間：8:30 ～ 17:00
票價：大人￥800、初中生￥400

佐渡金山

來到這裡，我很想跟大家說：「歡迎來到日本金瓜石！」因為這裡有礦坑體驗，金礦博物館，還有大金條讓你摸，更別提還有淘金 DIY 了。我真心的懷疑金瓜石在重建時有非常仔細的參考了佐渡金山這邊的規畫。宗大夫坑和金山資料館都提供了當時採礦的許多資料，光是走一趟礦坑就感覺物超所值。

新潟故鄉村

新潟其實不只產米有名，其實日本清酒的產量和品質在日本也是數一數二的，更別說海鮮了，也是讓人讚譽有加。所以新潟集合了新潟風味和特產齊聚一堂，再順便介紹新潟的歷史，成為一間新潟故鄉村。館外還種了許多鬱金香，更增加景點的可看度。

福井這地名,乍聽有些陌生,但是提起他的別稱——越前,可能就很多人知道是哪裡了,這裡可是有著被稱為日本第一的越前蟹呢!此外,以東尋坊為首的自然景觀,還有知名古寺永平寺,和縣立恐龍博物館,都是很獨特的景點呢。

燒かにめし
大口吃螃蟹的時候到了!

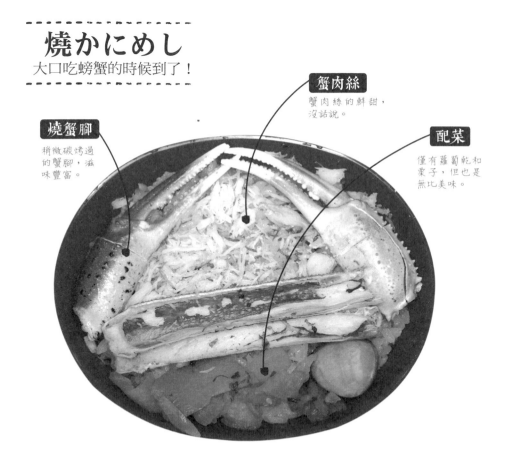

蟹肉絲
蟹肉絲的鮮甜,沒話說。

燒蟹腳
稍微碳烤過的蟹腳,滋味豐富。

配菜
僅有蘿蔔乾和栗子,但也是無比美味。

螃蟹!可以說是海鮮中的美味天王了。海鮮聞名的日本,當然會把這項食材好好地放進便當裡,更何況螃蟹也是不少地區的名物!這次在福井站,買到了當地名產的螃蟹便當,想想在台灣要吃螃蟹,

不是到餐廳，就是要殺到基隆夜市，在日本，一個便當就可以吃到了，日本人真的好幸福啊！

因為已經選購了螃蟹押壽司便當，所以第二個螃蟹便當就選擇了散蟹肉拌飯便當。這個便當，外盒有簡單的螃蟹圖形，很是可愛。打開盒蓋，螃蟹的螯和腿排列整齊，讓人一看就胃口大開，也不心疼便當的價格了！螯和蟹腳都是處理過的，很方便食用，整條腿肉絲來一口吃下，好讓人開心，另外菜飯和蘿蔔乾也很美味，福井的螃蟹便當真的都很讚啊！

試吃報告

❀Sunny

米飯：菜飯吃起來不會無趣，也很美味。

主食：排列好的蟹螯和蟹腿，有經過微微炭烤過，蟹肉的鮮甜上又增加了風味，非常棒。

配菜：小菜雖然只有蘿蔔乾，但是也美味到讓人豎起大拇指。

❀大麥可

帶殼的蟹腳、蟹螯，實在太美味了！這是個下重本的螃蟹本格派便當，絕對值得一試。

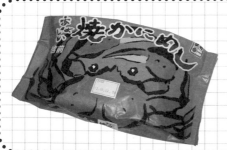

便當小檔案

發售店家：番匠本店
價格：￥1200
類型：海鮮便當
Sunny 評等：★★★★

115

越前かに棒すし
簡單的組合，無比的美味！

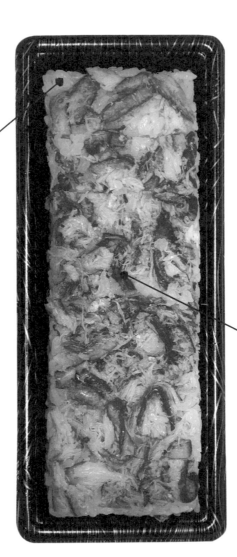

醋飯

發揮了提味
的功能。

越前蟹肉

清蒸最能呈
現蟹肉的美
味了！

長長的便當盒，外包裝上大大的螃蟹，這款押壽司便當，還沒打開品嚐，我就已經充滿期待了！日本料理的壽司部分，好處就是可以凸顯食材本身的美味，當然新鮮是一定要的，適當的調味，提高食材的鮮甜，更是考驗功夫呢！

這真的是一款很簡單的押壽司便當，醋飯加上蟹肉的組合，但是好吃到讓人一口接一口停不下來。醋飯的酸和螃蟹肉的清甜，兩者相互搭配，完美的襯托出無敵的美味，喜歡螃蟹的人一定要買來吃，平常不怎麼愛螃蟹的人，不妨給這個便當一個機會，讓它來扭轉你過去的美食印象。

這個便當，雖然寫得不多，但是真的誠意推薦！

🎀Sunny

米飯：酸度較重的醋飯，反而是螃蟹提味的要角。

主食：清蒸的螃蟹肉，展現本身的鮮甜，加上醋飯的襯托，美味更上一層。

配菜：無配菜，但是真的不需要！

🎀大麥可

這個便當滿足了大口吃蟹肉的優越感！

便當小檔案

發售店家：番匠本店
價格：￥920
類型：海鮮便當
Sunny 評等：★★★★

SUNNY 推薦
消熱量獨特景點！

東尋坊

聽起來像手作坊，或是很雅緻的餐廳。

錯！錯！錯！這是和挪威的西海岸，韓國濟州島並稱世界三大奇景的一段海岸線。這麼特別的名字，其實是有個有趣故事。東尋坊是個人名，是平泉寺中一個力氣大卻愛逞兇鬥狠的和尚。某天他和同寺的另個和尚愛上同個女孩，彼此有了爭端。於是另一個和尚設下一場鴻門宴，等到酒酣耳熱喝到夠多時，一把將東尋坊推下懸崖。從此之後，每逢東尋坊忌日前後，這邊海象就特別不平靜，而這段海岸也因此改名叫做東尋坊。這段海岸其實是火山岩漿經過千萬年的敲擊所形成的柱狀岩塊，甚為壯觀。除了可以在岸邊走步道觀賞，還有觀光船提供從海上來看這壯麗的海岸景觀。

東尋坊遊覽船
電話：0776-81-3808
時間：8:00 ～ 17:00（11 月 20 日～ 3 月 20 日，8:30 ～ 15:30），每週二公休，週二若逢日本國定
　　　假日照常營業
票價：全票 ¥1200，學生 (限國小) ¥600。
※ 隨時出發，遊覽船會因為海上狀況而改變乘船與下船地點或是停止出航

越前蟹

知名老饕蔡瀾曾經說過：「蟹痴的話，一生人不去一次，就可惜了。」講的正是越前蟹。越前蟹比毛蟹大，比帝王蟹小，腳也是長長的。他之所以敢稱為日本第一的螃蟹，在於他的肉質足以媲美帝王蟹，肚子裡面的膏可比大閘蟹，雌蟹的卵更是比紅蟳美味多多，可以說是個集螃蟹美味於一身，一次讓你品嘗肥美蟹肉、鮮甜蟹膏與蟹卵的，便是越前蟹！

福井縣立恐龍博物館

能與世界其他恐龍館齊名，成為世界第三大恐龍博物館，不是沒有原因的。光是在福井縣挖掘出來的恐龍化石數量為日本第一，而且 1989 年挖掘之後，不但確認了福井盜龍和福井龍，更在現場發現了恐龍蛋殼、幼龍骨骼，確認恐龍的群居生活方式，在恐龍研究上深具代表意義。福井縣立恐龍博物館位在長尾山綜合公園內，是日本國內最大的恐龍博物館，館藏和規模都很值得一看。

時間：9:00 ～ 17:00，入館時間至 16:30 分為止，每年 12/29 ～ 1/2，每個月第 2、第 4 個周三，休館，暑假不休館
費用：成人 ¥700，高中生與大學生 ¥400，小學生與中學生 ¥250。團體另有票價優惠

地址：福井縣吉田郡永平寺町志比
時間：8:30 ～ 16:30
票價：成人 ¥500，中小學生 ¥200

永平寺

永平寺是曹洞宗 (佛教流派之一) 的知名古寺。北宋時候，日本和尚道元法師曾到杭州淨慈寺修行 2 年，返回日本後創立永平寺，也成為曹洞宗的「大本山」，也就是本館的意思。一走進永平寺就能發現和其他知名寺院有相當大的差異，因為還有上百名僧人在此修行，且觀光客不若其他寺廟來的多，寺內相當莊嚴肅穆，讓人不禁講話小聲了起來。另外，傘松閣的天花板上一共有日本 144 位畫家的 230 幅彩繪作品，各具特色，是最不能錯過的地方。

金澤站

金澤面對日本海,位在本州的中央,佔據了得天獨厚的好位置。讓金澤在二次大戰時躲過了戰爭的摧殘,舊市街的歷史街道被大量的保存下來,整個城市有著濃厚的古意,每年都吸引了大量的觀光客前往。

利家御膳
當一回前田利家的貴客

麻糬
為便當劃下完美句點絕佳甜點。

白飯與什錦飯
飯粒很黏很好吃。

天婦羅
連天婦羅都有,足見這便當的彭派!

魷魚
涼拌的非常美味。

魚板
讓人意外的好吃。

鴨肉
用蒸的方式料理,很不錯。

鮭魚肉
鮭魚也是日本便當裡常見的海鮮。

120

外觀看起來像漆器質感的便當，一看就知道來頭不小，在打開便當要開始大快朵頤之前，會先被附上的 2 張文宣吸引。一張介紹著這個名為利家御膳的便當的來歷，原來這是前田利家的宴席菜，另一張則是介紹前田利家的主人翁的生平。原來前田利家是 16 世紀重要的武將，在豐臣秀吉與德川家康權力交替之際，有著重要地位的人。除了這層歷史的意義增添便當的附加價值之外，附上的文宣，用紙都很精美，就像是收到一封邀請函一樣，真有日本人的風格。

便當是雙層便當，下層有 2 種飯，一個白飯一個茶飯，上層就是各式菜餚的空間，每樣菜都看得出來手工很細緻。炸物放比較少見的蓮藕，還有個切片魷魚，涼拌處理，非常好吃，另外，白色魚板和上面的燉煮鴨肉也還不錯，甜點的粉紅色紅豆麻糬，是個很完整的便當。

❀Sunny

米飯：2 種米飯，2 種口感，重點是日本海這邊的米很黏，很好吃。

主食：涼拌的切片魷魚、燉煮鴨肉都非常入味，精緻而且手工很細。

配菜：粉紅色的紅豆麻糬，甜得剛剛好。

❀大麥可

吃完這個便當，有種像是在品嘗餐廳等級菜色的感覺，用心程度讓人感動。

便當小檔案

發售店家：金澤站
價格：￥1000
類型：紀念便當
Sunny 評等：★★★★

特製牛肉弁当
吃不膩的牛肉好滋味

蘿蔔乾
雖然是小菜，
但表現不俗。

和菓子
既軟又甜，
非常好吃。

魷魚
魷魚調味和牛肉
非常搭配。

牛肉

口味層次豐富，無敵下飯。

到了日本，一定要嘗遍各地的牛肉才行，更何況牛肉也是我愛吃的食物之一。不過呢，這次的牛肉便當，不再是以牛丼的形式呈現了，而是用滷的，再加上蒜泥，雖然感覺很台式，但是一淋上便當裡附贈的小罐醬油，就完全是日本風味的料理了。

滷的牛肉，再加上醬油，是有點重口味沒錯，但是吃了這麼多便當下來，深深感覺到即便是重口味的料理，在日本鐵道便當裡，仍舊是能夠吃出不同的調味層次呢！而且蒜泥醬也具有畫龍點睛的效果，所以，味覺上的負擔，一點也不會太超過。

試吃報告

❀Sunny

米飯：無特別突出。

主食：各種看似重口味的調味都派上用場之後，沒想到組合出另一種美味，薄薄的牛肉片，加上多層次調味，下飯又好吃。

配菜：蘿蔔乾表現也很不錯，和菓子則是又軟又甜，好好吃。

❀大麥可

用上了內附的醬油後，味道更好了，配菜也擺設的很精緻，讓人感覺得到用心。

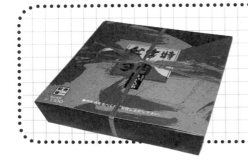

便當小檔案

發售店家：金澤站
價格：￥1100
類型：肉類便當
Sunny 評等：★★★

SUNNY 推薦
消熱量獨特景點！

金澤城公園／兼六園

日本現在的重要城市，在過去也多是重要地區，因此多半都有過去興建的城堡或城池遺跡保留下來，金澤市也不例外，也有個金澤城，旁邊還有個日本三大名園之一的兼六園。金澤城很美，呈現閃亮的白色建築，大而雄偉。旁邊的兼六園，維持日式庭園的風格，一樣有許多造型各異的樹木，假山，涼亭，池塘。如果季節對了，賞楓紅、賞櫻花都很適合，雪景更是一絕。

金澤城公園
時間：7:00 ～ 18:00
　　　10/16 ～ 2月末時間 8:00 ～ 17:00

兼六園
時間：7:00 ～ 18:00
　　　10/16 ～ 2月末時間 8:00 ～ 17:00
票價：大人￥300、6 ～ 18 歲￥100、65 歲
　　　以上出示證件可免費

租賃腳踏車

金澤市面對日本海，位在本州的中央，佔據了得天獨厚的好位置。雖然面對日本海，人口相對少，但是也因為這樣的地理位置，讓金澤在二次大戰時躲過了戰爭的摧殘。舊市街的歷史街道被大量的保存下來，整個城市呈現了相當濃厚的古風。每年都吸引了大量的觀光客前往。建議到金澤，不要安排太多購物和觀光行程，租台腳踏車，大街小巷穿梭，才能體會金澤的美好。

金澤市有類似台灣 U bike 的城市腳踏車租賃站，幾乎各個景點都可以看到借還車的地方，唯一的缺點是他每小時需要回站過卡一次，就算你想要繼續騎，也是得找到還車的地方還了再借。但是這樣的確能增加腳踏車的周轉率。好在金澤市並不大，各景點也都有停車處，不失為一個方便遊客的交通方式。

近江町市場

近江町市場就位在金澤車站附近,雖然門口非常不起眼,但是裡面提供各式各樣日本北陸來的新鮮海鮮,而且日本市場不像台灣的菜市場,雖然一樣賣魚賣肉賣水果,但是環境整潔,成列整齊,也穿插著熱食部分,讓人可以邊吃邊逛,又不必擔心滿身魚腥味。而日本海因為溫度較低,這邊的海鮮甜美程度直逼北海道,所以來到金澤千萬別忘記來市場逛逛。

妙立寺(忍者廟)

地址:野町 1-2-12
時間:9:00 ~ 16:30(12 ~ 2 月開放時間至下午 16:00),1/1、11/13 休館
票價:大人￥800、小學生￥600、小學跟幼兒限制入場

在寺廟林立的日本,這座妙立寺一點都不起眼,要不是看在他號稱忍者廟的份上,絕對不會特地跑一趟。本來以為忍者廟是專門訓練忍者的廟,可惜到了才發現原來所謂的忍者廟是機關很多的廟,因為當初豐臣君的前田家族被封到金澤市之後,不但建了金澤城和兼六園,還未雨綢繆的蓋了一間充滿機關的廟,以為自己的退路。不過想參觀須要事先預約,才能進廟裡體會重重機關。

金澤 21 世紀美術館

你以為美術館就是把一件件作品排排站,然後很無聊的地方嘛?那 21 世紀美術館可就徹底打破對美術館的成見。21 世紀美術館外表看起來像一個綠建築建在一個大公園裡面,但是其實建築和公園本身都是美術館的一部分,甚至參觀的遊客本身也會成為藝術品的一部分。這箇中的巧妙就要自己來體會才能懂了。

時間:10:00 ~ 18:00(週五 ~ 六至 20:00),周一休館
免費展區:9:00 ~ 22:00,休館週一也開放入場
票價:美術館展區 (特別展、常設展)￥1000 左右 (依展出內容不同,入場費也不同),典藏精選個展￥350

日本旅行的好幫手

必要裝備 Sunny 版

幕後花絮

其實，到各地旅遊，都有些基本的裝備一定要準備，比方說隨身藥物，小小的醫療組合、雨傘、視當地天氣決定的服裝、好穿的鞋子等等，族繁不及備載。尤其是自助旅行的人，除了裝備之外，還有些旅途中的設施，也是一定要知道的，否則反而會讓疲累降低出外的遊興。以下是日本自由行 Sunny 的小叮嚀！

這麼重要的東西，怎麼可以忘記，就算你不是要搭鐵道吃便當，火車仍舊是在日本旅行最方便的交通工具了，所以，時刻表，必備！

Coin Locker，也是外出旅行的好幫手，把行李往裡頭丟，輕裝遊覽多輕鬆自在。

對自助旅行者來說，雖然不太可能帶寵物，但是自行車好像有點機會，要了解一下搭乘資訊喔！

對了，後背包，永遠是自由行的好朋友，前揹後揹孩子，空出來的雙手可以做很多事喔！

天氣一熱，陽傘、墨鏡，再加上寬鬆舒服的長褲或涼爽的短褲，就不會被天氣打敗。厲害吧！叫我第一名。

沒錯，就是冰棒。雖然日本緯度高，但是熱起來也是很驚人的！當然，記得多補充水分。

山陽新幹線

用味蕾感受歷史名城

瀨戶內海的無敵海味，
吃不膩的鰻魚飯、魚鬆與蝦鬆的完美搭配，
經典的壽司便當，讓人視覺與味覺，都有大滿足。
而宮島大鳥居前的愜意，讓便當更加美味！

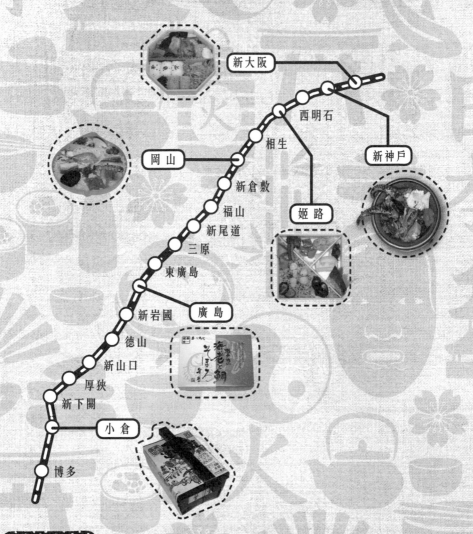

新大阪

西明石

新神戶

岡山

相生

新倉敷

姫路

福山

新尾道

三原

東廣島

新岩國

廣島

德山

新山口

厚狹

新下關

小倉

博多

雖然無法暢快地在山陽新幹線使用 JR PASS，但是山陽新幹線有著各式各樣的通票可供選擇，就端看自己的旅行天數和計畫來做選擇。如果選在大阪周遭的神戶，京都，奈良旅遊的話，可以買關西地區鐵路周遊券就好，從 1 天￥2060 ～ 4 天￥6170 都有。如果想拉遠一點到和歌山、岡山的話，就得買關西廣域鐵路周遊券，4 天￥7200。如果更貪心一點，想把九州、四國跑透透，還有山陽＋四國＋全九州版，5 天￥25,720 的選擇。所以出發前可得好好做功課，挑出一個最適合自己行程的通票，才能用最便宜的價錢玩的最盡興。

大阪可以説是台灣喜愛日本旅遊的人當中，最熟悉的幾個城市之一了，更常常順遊京都和神戶，是日本僅次於東京、橫濱的大都市。美食、娛樂都不缺的大阪，便當也非常精彩唷！

日本の味博覽
有健康概念的美味便當

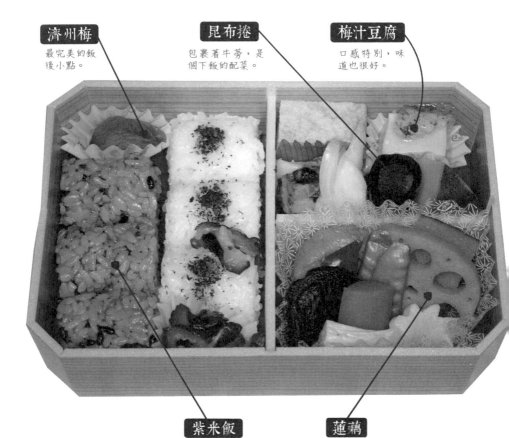

濟州梅
最完美的飯後小點。

昆布捲
包裹著牛蒡，是個下飯的配菜。

梅汁豆腐
口感特別，味道也很好。

紫米飯
超健康養身的！

蓮藕
爽口脆甜，味道很好。

雖然我是個無肉不歡的人，但是一連串的便當吃下來，身體還是有點渴望多吃點蔬菜的，終於，在大阪吃到蔬菜多的便當了。這個便當是在新大阪新幹線站內的便當店購得，非常講究健康概念，不但每個便當清楚標示成分，就連熱量一起標上了，尤其適合對熱量和營養很重視的人。

而且這個夏季限定的日本の味博覽便當，不算小菜類的醃製小黃瓜和梅子，光是蔬菜就有……N種，而且每一個都很清爽好吃。南瓜、地瓜、蓮藕、昆布、牛蒡、豆腐等等，這些蔬菜一字排開，是不是覺得身體也跟著清爽起來了呢！即面是米飯除了白飯之外，還有紫米飯，超健康的啦！

試吃報告 ❀ Sunny

米飯：飯糰除了白飯之外，還有一個紫米飯糰喔！
主食：南瓜和地瓜都好吃，蓮藕也保有脆脆的口感，
　　　昆布包著牛蒡這道菜味道較重，但很下飯，
　　　另外小小一塊很綿密的豆腐口感也很特別。
配菜：小黃瓜和梅子，很清爽。

❀ 大麥可

沒有大魚大肉，但卻不會覺得若有所失，蔬菜的威力，不僅消暑更能消除疲勞呢！

便當小檔案

發售店家：ツエィァール東海
價格：￥1000
類型：綜合便當
Sunny 評等：★★★★

なにれ滿載
大阪限定，多樣口味一次滿足

炸豬排
味增口味，
非常好吃。

章魚燒
大阪名產，
怎麼可以沒
有它！

蔬菜佃煮
這區除了蔬
菜之外，還
有個意外的
小驚喜喔！

茶飯
另一種調味的
飯，增加風味。

炒麵
可以當主食，也
可以當做配菜。

光是看到便當上「滿載」兩個漢字，就知道便當內容，想必是無比豐富才是。一打開便當盒，果然沒有讓人失望。光是米飯類就有3種，白飯飯糰之外，還有茶飯飯糰和炒麵！

豐富的野菜，也是讓人眼花撩亂，右上格裡頭放了魚板、魚丸、玉子燒等等，還有一個小小的章魚燒，告訴大家，這個便當來自大阪！左上格的蔬菜區下面，還藏了一隻小章魚，白蘿蔔旁邊還有顆小小的煮芋頭，這個便當不只料多，還處處充滿小驚喜呢！

另外，右上區的炸豬排是味噌口味，很好吃。下面的章魚燒絕對不能忘記，可是大阪名產呢！整體很豐富有趣。

❀Sunny

米飯：除了白飯飯糰還有茶飯糰，以及可以單吃也可以當菜的炒麵。

主食：炸豬排是味噌口味，非常好吃。

配菜：配菜超級豐富，當然每一個味道也都不差。

❀大麥可

便當3大分區有各自的主題味道，其中還有些小變化，吃起來非常輕鬆的一個小品便當。

便當小檔案

發售店家：ツエィアール東海
價格：￥1000
類型：綜合便當
Sunny 評等：★★★★

燒さば壽司

人氣烤鯖魚大口嘗

燒鯖魚
吃得到魚肉燒烤的香氣，太厲害了！

香菇
增加風味，工不可沒。

白飯
跟鯖魚很速配。

這個人氣便當，價格不算最便宜，也無歷史背景的資料可以參考，到底人氣指數這麼高的原因為何？沒關係！吃了就知道！雖然外包裝名為押壽司，但是和傳統的押壽司比較起來，還是不太一樣，因為魚和飯的中間還夾著香菇和薑片，增添風味和口感，反而比較像是烤魚飯呢！

不過，日本人烤魚的技術，真的是一流，該有的口感與味道一點也沒有因為是便當而打折，所以，就算只是把這個便當當作烤魚飯來吃，也是很值得一試。

燒鯖魚押壽司就算在日本，也是比較少見的，因為一般押壽司都是使用生魚片或是簡單醃漬過的海鮮食材來做，像這樣用燒烤的魚類，在這次的鐵道便當之旅中還真只看到這一個。吃著這個便當的同時，我疑惑著為什麼押壽司在台灣很少見，因為看起來明明比較簡單啊，把食材排好一次就可以做好多個了，為何要堅持像握壽司那樣一個一個握呢？這又是我心頭的一個未解之謎了，下次吃日本料理的時候，順便問問師傅好了。

試吃報告

❀Sunny

米飯：無特殊之處。

主食：魚肉較厚，吃起來不那麼酸，但是魚肉的香氣和烤過的香氣，讓人很佩服日本人的烤魚技術。

配菜：無

❀大麥可

大片的魚肉很有飽實感，在目前吃過的壽司便當中，絕對有重量級的地位！

燒さば寿司

便當小檔案

發售店家：新大阪
價格：￥1000
類型：壽司便當
Sunny 評等：★★★

さんま
紀州特產一口見真章

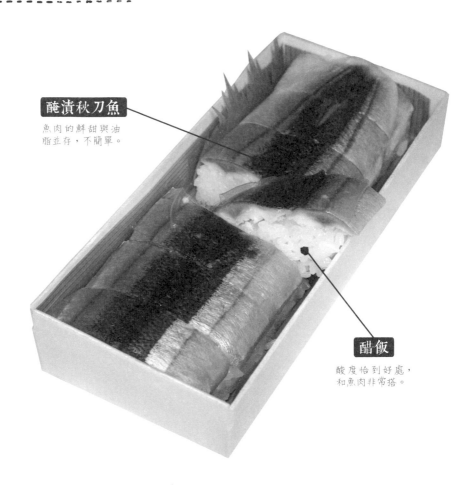

醃漬秋刀魚
魚肉的鮮甜與油脂並存，不簡單。

醋飯
酸度恰到好處，和魚肉非常搭。

吃過了之前幾個便當，再吃這個相對清爽的秋刀魚押壽司，對這個便當來說，真是個味道大考驗。尤其在台灣，秋刀魚的土味一向是被大家嫌棄的重點，料理秋刀魚往往需要調味才能入口，但是現在來到了以海產著名的日本，當然對這個便當寄予厚望。

這個押壽司便當的秋刀魚，是醃漬的，魚肉上那層薄薄的膜，造就了神奇的口感，因為當你一口咬下，脆脆的魚肉，保證讓你大聲驚呼，再搭配微酸的醋飯，超級完美。沒想到光是一道醃漬的功夫，就可以把秋刀魚的美味逼出來，太讚了！

而且，一個便當才￥700，就算是減肥中的女生，一次吃2個也不會有任何罪惡感的，女孩們！放心地吃吧！

試吃報告

❀Sunny

主食：主角醃漬秋刀魚，爽脆口感不失魚肉的鮮甜與油脂的滑順，讓人驚豔。

米飯：壽司最重要的醋飯，酸度剛剛好，和魚肉的清甜搭配起來，是一整口的幸福美味。

❀大麥可

第一眼的印象，對我來說實在是一個太單調的便當了，但是吃了一口之後，徹底改觀！看來簡單的食材，也有一口決勝負的強大實力。

便當小檔案

發售店家：水了軒
價格：￥700
類型：海鮮便當
Sunny評等：★★★

SUNNY 推薦
消熱量獨特景點！

天保山摩天輪

雖然不知道為什麼，每個城市都想蓋一個摩天輪，但是這種登高觀景的體驗倒是真的很不錯啦！而且在英國倫敦的倫敦眼還沒出現之前，大阪的天保山摩天輪可是世界最大、最高，技術也最新進的摩天輪喔！白天的時候，天氣晴朗時，可以從明石海峽大橋一路望到神戶的六甲山，關西機場也能看見喔！夜晚更是浪漫迷人喔！

道頓堀／心齋橋

相信很多人來到大阪，都會在這裡失心瘋的狂買狂吃，但是這裡就是有辦法勾起你的購買慾望與口腹之慾。光是吃的，章魚燒、大阪燒、拉麵等等味道一直飄出之外，還有超大尺寸的招牌，也超吸睛的。吃飽了，心齋橋就是消耗熱量的最佳血拼地，不只觀光客，許多日本人也在這裡尋寶，而且，路上男男女女每個都打扮的讓人想請他們停下腳步，讓我拍張照！當然還有女生一進去就出不來的藥妝店，以及日本特有的柏青哥，時間充裕的話，都盡情體驗一下吧！

大阪城

在日本的舊有城池中，大阪城可以說是相當殺記憶體空間的一座。綠色屋瓦，金色裝飾，白色的牆面，氣勢逼人的城門和護城河。大阪城就是有股魅力可以讓人想站在各種角度欣賞它的英姿。這座被日本政府列為重要文化遺產的城池，建造當初就已經非常大手筆，從日本各地運來巨石修建，加上地勢的優點，讓大阪城的威嚴，沒有任何一座城池比得上。1997 年重新翻修過一次後，這座城池顯得更壯觀了！不管來過幾次，大阪城永遠都讓人還想再來呢！

電話：06-6941-3044
地址：大阪市中央區大阪城 1-1
時間：9:00 ～ 17:00 入館時間為 16:30 為止（春季及秋季延長）
票價：￥600（中學生及中學生以下免費）

御堂筋

有東方香榭麗舍之稱的這條御堂筋大街，從大阪的北端一直往南延伸到難波地區，不只道路寬敞筆直，兩旁的茂密的銀杏樹，更是在一年四季都有不同的景致，夏天涼涼的樹蔭，是最好散步的時候，到了秋天泛黃的樹葉開始紛紛飄落，也是一種很浪漫的美景。而且，每年秋天御堂筋的花車遊行，更是熱鬧非凡，下回來日本時，別忘了來欣賞一下。

新神戶站，是神戶地區的門戶；這裡有很多不錯的景點。包括：北野異人館、神戶港、馬賽克城，都是飽食便當之餘，消耗熱量和記憶卡的好去處。當然別忘了，大啖神戶牛喔！

神戶のステ
一キ弁当
有加熱功能的牛肉便當

配菜
玉米粒、胡蘿蔔、四季豆。

加熱線
抽掉加熱線後，即可加熱。

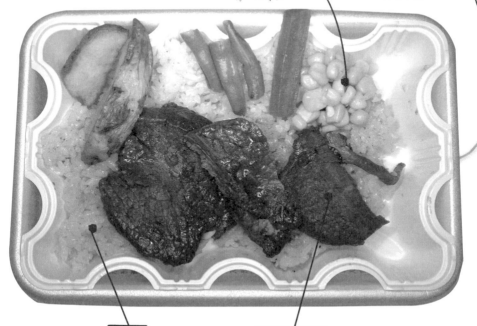

米飯
用香菇和醬油燜煮的飯。

神戶牛肉
加熱後，香味撲鼻。

可以加熱的便當！是老闆幫忙加熱，還是自己要拿去哪裡微波呢？！可以加熱這件事情真的是太特別了。衝著這點，一定要來看看這個便當的真面目。

買到手之後一打開，好吧！的確有那麼一點點的平淡無奇。主食、配菜和米飯都有，中規中矩，不過有那麼一點點引不起食慾呢！不過，加熱的功能，就藏在旁邊的一小條線上，這條小小的細線，往外輕輕一拉，瞬間所有食材的香氣都衝了出來，還不斷地冒著白煙，過沒多久，整個便當看起來好吃多了。這個可以瞬間熱呼呼的魔力，讓人很難討厭這個便當呢！

試吃報告

🌸 Sunny

主食：牛肉吃得出來是經過滷製的，剛加熱好的時候，香氣撲鼻，厚厚的肉片，吃起來還有牛排的口感。

配菜：玉米粒和炸薯條，就表現普普囉！

米飯：用香菇和醬油燜煮的飯體，單吃也不會覺得單調。

🌸 大麥可

好炫的便當，可惜賣相不佳。

便當小檔案

發售店家：淡路屋
價格：￥1300
類型：肉類便當
Sunny 評等：★★★

N700 系
新幹線弁当
為了小孩設計的造型便當

雞塊

因為冷掉，稍微影響口感。

漢堡排

百分之百的小孩口味。

炸蝦

熱一點的話，應該味道更好。

蛋豆腐

口感和味道都普普通通。

義大利麵

味道稍微普通了點。

無庸置疑地，這款 N700 紀念款便當，非常可愛！但是除了迷人的外型，內容物並沒有讓人驚喜的地方。不過這個便當的設計，走和洋風格，有義大利麵，加上蛋豆腐、漢堡排以及炸雞和炸蝦。乍看之下非常豐富，可惜人在日本吃到和美而美相去不遠的漢堡排時，還是讓人有點感到無力。

不過呢，我想如果兒子跟我在現場，這個便當應該是可以滿足小孩的，造型吸引人，除了白飯還有麵條，更加上有一、二樣炸物，完全就是為了兒童而設計的便當，小朋友們應該是會吃得很開心的！

試吃報告

❀Sunny

主食：義大利麵味道普通，無特別之處。

配菜：可惜了冷掉的炸雞塊和炸蝦，失去了口感，
　　　反而粉粉的。

❀大麥可

這個便當造型深得我心，雖然價格很高貴，和內容物比起來不太搭，但是火車造型，仍舊是我的第一選擇。（還好沒有女學生造型的便當，不然我一定馬上批回台灣賣！）

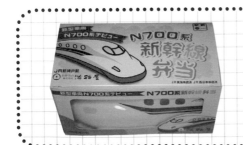

便當小檔案

發售店家：淡路屋
價格：￥1050
類型：紀念便當
Sunny 評等：★

明石章魚壺飯
ひっぽりだこ飯
有來歷的日本便當明星

章魚腳
沒想到在便當裡並不會軟爛，很有嚼勁。

米飯
口感很不錯喔！

錦系卵
很入味。

鰻魚
一小塊鰻魚，增加了整體的味道。

筍子
同樣佃煮的筍子，不錯。

這個便當不只造型讓人過目難忘，本身也是很有來頭，帶有紀念意義的一款便當。平成 10 年 4 月 5 日，明石海峽大橋開通的同時，所推出的紀念便當！至今仍是日本人心目中幾個知名便當之一。

這個像甕的盛裝容器，也別具意義，是模仿漁民捕捉章魚的器具而設計，因此，看起來就像是裡頭裝了滿滿的海味呢！

整體而言，便當內的章魚腳，就已經讓人食指大動了。搭配的飯粒、配菜，也都不會讓人失望，讓人每吃一口就會展開笑容，因為章魚的鮮，配菜調味的講究，還有米粒的味道和口感，讓人不得不打從心裡讚嘆。此外，鰻魚也是當地的特產，在這個便當裡，還可以享受到不只一種的在地美味。果然是名不虛傳的必吃便當！從主食到配菜風味完美，就算涼了也無損美味。

❀Sunny

米飯：類似油飯的調味，口感非常好。

主食：章魚腳非常有嚼勁而且好咬，不軟爛。

配菜：筍子、香菇、胡蘿蔔都是佃煮過的，味道精緻。

　　　蛋絲、鰻魚、青菜也都很入味。

❀大麥可

章魚QQ的，便當圓圓的很可愛，筍子跟7-11晨採鮮筍味道一樣耶!7-11真是厲害啊！

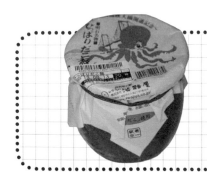

便當小檔案

發售店家：淡路屋
價格：￥980
類型：特色便當
Sunny 評等：★★★★

淡路屋
のお弁当
葉片編織外盒，質感滿分

茶飯
和白飯有不同
的風味。

麻糬

佃煮蔬菜
各式小菜，都煮
得非常到味。

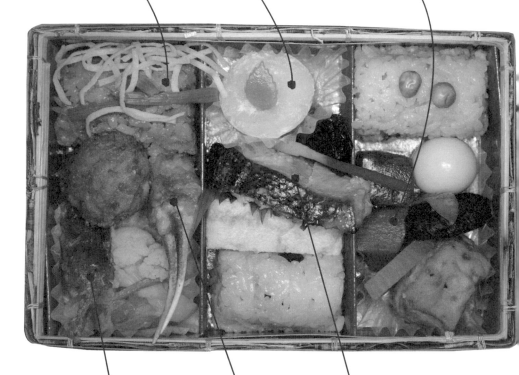

糯米椒
炸物沒有因為冷
掉就走味。

炸蟹螯
一整汁的蟹螯，
過癮。

燒鮭魚
鹹度適中，好吃。

這個便當的外觀非常有氣質，整個便當盒都是用葉片編織而成，手感很棒，也讓人有一種古樸的感覺。打開便當後，雖然沒有鋪排滿滿的主菜，但是料多豐富，讓人眼睛為之一亮。

主菜的部分除了一塊燒鮭魚，還以炸蟹螯，用海鮮來主導便當的味道，米飯除了白飯之外也有茶飯，排列方式也很有趣，不通通排在一起，而是類似以壽司便當的方式，分開來排列，很具巧思。配菜中有好幾樣佃煮蔬菜，還有個麻糬當做小點心，是個誠意滿分的便當。

試吃報告

❀Sunny

米飯：2種米飯各有各自的滋味。

主食：燒鮭魚的鹹度適中，炸蟹螯沒有因為冷了就走味。

配菜：各式小菜，也都煮得很到味。

❀大麥可

這個葉片編織的便當盒，讓人有股懷古幽情。內容物非常有誠意，口感也不錯，可惜口味偏淡了點。

便當小檔案

發售店家：淡路屋
價格：￥1000
類型：綜合便當
Sunny 評等：★★★

旅の幕の內弁当
應有盡有的美食大集合

鯖魚
這類型便當，少
不了魚鮮露臉。

醬瓜
調味和口感都是
最佳調劑的要角。

豬肉丸
串成丸子，入
口非常方便。

茶飯
內容豐富一點的便當，通
常會有兩種以上的米飯。

牛肉
採牛丼做法，經典。

栗子紅豆飯
算是少見的米飯喔。

日本鐵道便當，分類眾多，各有所屬，但是如果要挑一個便當，裡面什麼都能吃到，那麼只要挑包裝上寫有「幕の內」的就不會錯。不管在哪個地區，各地店家都會把自己當地產的東西，一小份一小份

的放上來，讓你一次吃到各種東西。這淡路屋的幕の內便當，光是飯就有3種，紅豆飯、白飯以及茶飯，另外肉丸子、牛肉片、烤鯖魚、玉子燒、蔬菜天婦羅，還有綜合蔬菜。當然日本便當的基本班底，醃漬菜也是少不了的。

不過，以美味程度來說，可能是太眼花撩亂了，我還是覺得簡單配個二、三樣菜，有明顯主軸的主菜便當，還是比較深得我心啦！而且這種便當往往吃起來每樣菜都是還好而已，不如有個主軸的便當來得讓人驚喜，這就是有一好沒二好啊！

試吃報告

❀Sunny

米飯：米飯種類也是算多了，基本的白飯之外，還有茶飯與紅豆飯。

主食：每樣幾乎一口完食，其實來不及感受美味，不過也有可能味道不太突出啦！

配菜：各種日本鐵道便當裡的基本配菜要角，都有出現，但無特殊之處。

❀大麥可

喜歡便當內容菜色多樣，外盒富含旅途意境質感的人，一定會喜歡這個便當。

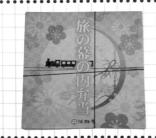

便當小檔案

發售店家：淡路屋
價格：￥850
類型：綜合便當
Sunny 評等：★★★

手まり壽司
多款經典壽司，一次滿足

鮭魚壽司
吃得出新鮮喔！

鯖魚壓壽司
鯖魚口感和調味都不差。

星鰻壓壽司
還可以再吃一個鰻魚嗎？

鯛魚壽司
肉質不錯。

鮭魚卵軍艦
加了片小檸檬，增加風味。

豆皮壽司
沒有豆皮壽司，就不叫壽司便當了。

愛吃壽司的人，一定不要錯過這一款便當，一共11個壽司，從最基本的豆皮壽司和花捲，到各種魚鮮壽司，當然軍艦也是有的，真的也只有在日本，可以擁有這種便當了！

整體的口味來說，相當清爽，米飯口感剛剛好，新鮮的鮭魚、鯛魚、鮭魚卵、蝦子等等，也都不差，烹煮過的星鰻、鯖魚，味道也都在水準之上。2個基本款的花壽司和豆皮壽司，則是整個便當享受過程中的小小休息站。

在鐵道便當的旅途中，來一個這樣的便當，吃得清清爽爽，人也更加輕鬆自在了。

❀Sunny

米飯：醋飯酸度還可以，也都能成型。

主食：各種海鮮吃得出新鮮，鰻魚調味適中。

配菜：無配菜。

❀大麥可

這個便當外表看起來是位高貴的千金，如和服一樣柔美，可惜因為醋飯味道比較重，讓主食風采被搶走了。

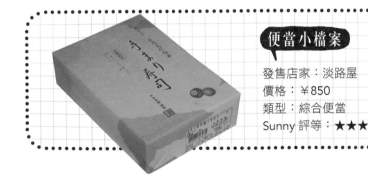

便當小檔案

發售店家：淡路屋
價格：￥850
類型：綜合便當
Sunny 評等：★★★

SUNNY 推薦
消熱量獨特景點！

神戶塔/神戶港

神戶有個港口，因此找到最佳位置，可以一次拍下神戶塔、港口、海洋博物館，也不失為旅行中的樂趣之一。不過，對我這個只顧著吃便當的人妻來說，神戶塔？！這明明就是沙漏呀！言歸正傳，神戶港這邊有許多的觀光船，造型各異，路線也不同，可以挑自己喜歡的路線和喜歡的船去搭乘遊港。

電話：078-391-6751
地址：兵庫縣神戶市中央區波止場町 5-5
時間：【3月～11月】9：00～21：00（最終入場 20:30）
　　　【12月～2月】9：00～19：00（最終入場 18:30）
票價：港塔：成人（高中生以上）￥600，兒童￥300
海事博物館：成人（高中生以上）￥500，兒童￥250

電話：078-341-8855
地址：兵庫縣神戶市中央區東川崎町 1-6-2
時間：10:00～18:00 最終入場時間 17:00
　　　商店到 19:00
票價：￥1500

麵包超人博物館

麵包超人博物館，距離港口不遠，事實上你只要一踏進神戶市，便四處可見麵包超人好可愛的圖案，看來這邊的旅遊重點是麵包超人啊！參觀博物館需要門票，但是 B1 的商店街，免費！賣場裡的所有商品，如果和麵包超人扯不上關係，可是不能進來販售的。但是，B1 滿滿的人潮，不全是為了商品而來，而是為了一睹幼兒界的天王，麵包超人醬！表演時間一到，立刻歡聲雷動，麵包超人就是超級巨星。

神戶觀光小姐

神戶市也有一日通票可以購買，在主要景點
都可看到特殊造型的站牌，只要在這邊就
可以等到獨特造型的觀光巴士了。不得不
說，日本真的做了很多便利觀光客的設計。
但我覺得最棒的景點是觀光巴士上的金馬號
小姐。OH！不是！是神戶觀光小姐。她們清一
色，都是雙馬尾造型，加上白色和淡藍色的制服和帽子，一整個很萌
啊！就算是份量稍重的小姐，穿起來也很可愛喔！在車子行經各景點
時，觀光號小姐會用日本人專有的嗲聲嗲氣的溫柔語氣說明各景點特
色。雖然只有日文，但聽那聲音都讓人精神一振了！

標有 City Loop 的綠色站牌，即可等車搭乘，神戶站外便有搭乘處
時間：9:20 ～ 17:20
觀光列車單次搭乘￥250，一日票￥600，可於車上直接購買

北野異人館

新神戶站走北野遊步道，約 15 分可抵達北野藝人館街。
每個館別都有各自的參觀時間與票價，唯萊茵館免費
參觀，單獨館別票價約為￥300，亦有風見雞館、萌黃
館兩館聯合券￥500，或九館聯合券￥3500

顧名思義就是從前神戶港對
外國人開放後，各國領事館
設置的一個小山頭，有點像
早期台北的天母。這裡濃濃
異國味，擺著一隻大木鞋的
荷蘭館，很有特色的丹麥館，
讓人差點忘記自己在日本，
部分領事館對外開放，可挑
喜歡的館別買票參觀，也有
少數館別是免費參觀，例如
萊茵館。除了看當年領事館
的內部裝潢，也不定期有些
特展。其中，最出名的風見
雞館，別忘了去走走看看。

153

姬路位在神戶和岡山市的中央，和這兩個大城市相比之下，姬路相當的迷你。但是位在市區的姬路城，不但是聯合國教科文組織認定的世界遺產，是日本國寶，更被稱為日本第一名城。

栗おこわ弁当
有趣又豐富的栗子紅豆飯

湯豆腐
充滿湯汁的豆腐，好滿足。

肉丸
糖醋口味，讓人驚喜。

玉子燒
軟嫩可口，味道也很好。

鯖魚
調味非常到味，相當好。

燉花豆
很特別的口感。

紅豆飯
口感像極了糯米飯，挺好入口的。

栗子
甜甜的，和紅豆飯意外的搭配。

看起來中規中矩，四方形狀的便當，雖然看來份量不多，但是第一眼看到忍不住想說，內容也太多樣了！視覺上攻下一城之外，吃起來也頗富趣味呢！甜甜的栗子下面搭配相當酸又鹹的紅豆飯。另外有 13 種各種不同口味的配菜。這樣的配菜規格，真是大手筆，看著這個便當，想著做便當的人，要處理這麼多的配菜，打從心裡佩服起來。

配菜中除了燉花豆是全新體驗之外，鯖魚、蛋捲、魚板、蒟蒻、蓮藕、紅蘿蔔都相當美味。還有一格類似油豆腐的菜，一口咬下充滿湯汁，讓人好滿足，而最角落的肉丸，則是意外的糖醋口味，這個便當，讓人每一口都能吃到不同口味，真的是太有趣、太豐富了。

試吃報告 ❀ Sunny

米飯：紅豆飯的口感很像糯米飯，其酸味和甜甜栗子非常速配。

配菜：燉花豆是從來沒吃過的東西，體驗新鮮的口感與味道，鯖魚；蛋捲、魚板都有水準以上的表現。另一格類似油豆腐的菜，充滿湯汁，蒟蒻也Q彈入味，蓮藕和紅蘿蔔也相當美味。

❀ 大麥可：

如果飯可以做成動物形狀，應該會更有趣喔！

便當小檔案

發售店家：まるき食品
價格：￥780
類型：綜合便當
Sunny 評等：★★★★

155

但馬牛牛めし
牛肉丼飯便當
站內排行第一的人氣款

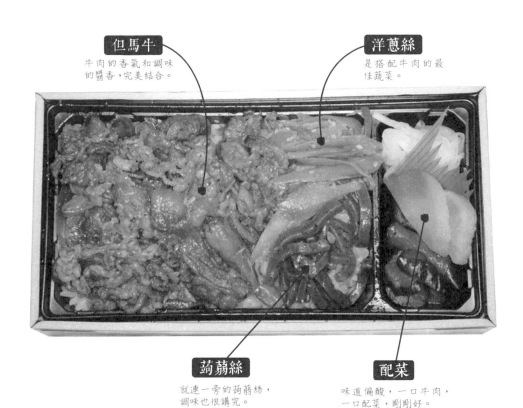

但馬牛
牛肉的香氣和調味
的醬香,完美結合。

洋蔥絲
是搭配牛肉的最
佳蔬菜。

蒟蒻絲
就連一旁的蒟蒻絲,
調味也很講究。

配菜
味道偏酸,一口牛肉,
一口配菜,剛剛好。

每個車站都有一個銷售最好的明星,有的是因為歷史悠久,有的是因為價格實惠,有的呢,則是因為紀念價值而大受歡迎,姬路站的這個牛肉便當,我想應該是味道一級棒,才讓它成為銷售冠軍的。打開便當,簡單來說,這就是一個牛肉丼飯便當,濃濃的牛肉香氣,暗示了這個便當的美味程度。在開吃之前,要先來檢查一下這個便當的配備。在滿滿一層的牛肉下,還鋪排著二、三種菇類和洋蔥,一旁

的配菜，除了醃黃瓜和醬瓜之外，還有蒟蒻條和佃煮過的薑片，配菜選擇雖然很基本，但是，只要吃了一口，就知道這些小配菜和主食在味道上的完美搭配。

濃厚的牛肉美味加上酸得剛剛好的小菜，以及菇類和洋蔥本身較強的氣味，讓重口味的牛肉，在嘴巴中有了完美的平衡，真的是一個非常好吃的牛丼飯。當我吃到這個便當時，心裡真的相當佩服日本人，因為他們一定花了很多心思，想盡辦法將美味保留，才能讓便當在冷的狀態下，還是吃起來這麼香。

🌸Sunny

米飯：沒特別深刻的地方，應該是牛肉太好吃了啊！

主食：鋪滿滿的牛肉，本來就讓人胃口大開，但是萬萬沒想到冷的便當，牛肉的香氣和醬香一點都沒有流失，太完美了。

配菜：味道偏酸的配菜，單吃會有點不習慣，但一口牛肉一口配菜後，才發現兩者真是絕配呢！

🌸大麥可

滿滿的牛肉香從打開盒蓋時撲鼻而來，這便當可以說是個移動式的牛丼飯，小菜也酸得很夠味。

便當小檔案

發售店家：まゐき食品
價格：￥1100
類型：肉類便當
Sunny 評等：★★★★

SUNNY 推薦
消熱量獨特景點！

姬路城

外觀以白色為主體，型態優美，所以又稱為白鷺城。其天守閣外部5層、內部6層，包含了地下1層。整個建築都用白灰漿進行封塗，整體結構堅固而宏偉，且兼顧巧妙的防禦結構，是日本最出名的城堡。雖然現在在整修中，要到2015年才能整修完畢，不過，繞著姬路城走，就可以飽覽姬路市大部分的景點，是個可以輕鬆進行一日遊的安排。

電話：079-285-1146
地址：670-0012 姬路市本町68番地
票價：大人 ¥400，滿5歲～國中生 ¥100
時間：4月29日～8月31日
　　　9:00～17:00(關門18:00)
　　　9月1日～5月31日
　　　9:00～16:00(關門17:00)

姬路市立動物園

電話：079-284-3636
地址：670-0012　姬路市本町68番地
票價：大人 ¥200、兒童 ¥30
　　　（5歲以上到中學3年級）
時間：9：00～17：00（最晚要在16：30前入園）

這個動物園的位置非常有趣，因為就位在姬路城內，是一個很有古早味的動物園。裡面並沒有太特別或是讓人驚喜的動物，園內也有些遊樂設施，倒是有讓人感覺回到小時候去兒童樂園玩耍的錯覺。動物很熟悉，設施很親切，好在票價也相當親切，如果帶小孩同遊，很建議可以來這裡走一走。

好古園

好古園一點也不古。它可是 1992 年才建造的，選擇西御屋敷跡上興建的日式庭園。也許是因為近代建造，所以，非常乾脆地，一口氣建造了 9 種江戶時期的庭園設計，裡面不但有松園、竹園和花園，茶庭園中還有茶室可以讓遊客享用綠茶，但是，好古園並沒有近代建造的違和感，走在其中反而有一種回到日本古代的氣氛喔。

電話：079-289-4120
地址：670-0012 姬路市本町 68
時間：每天上午 9 點到下午 5 點（7～8 月間到下午 6 點）
　　　12 月 29 日到 1 月 1 日不開放。
票價：大人 ¥300、小孩 ¥150

夢織館

和京都一樣，這邊也可以讓你變裝，化身到姬路城當公主或武士，只是這種店家不像京都這麼多，選擇性較少，但是在這麼美的姬路城旁，租個衣服，轉換一下，當一回公主或武士，拍張照片留念，也很值得！

忍者服 1 小時 ¥2100；1.5 小時 ¥5250
和服 1.5 小時 ¥6300

大手前通

大手前通是一條大馬路，從姬路車站出來，朝著姬路城筆直往前走，寬廣的大馬路就是大手前通。兩旁樹木扶疏，加上各種不同的雕像，走起來相當舒服。而兩側也有相連的商店街，都是什麼通什麼通的，有時間可一條條好好逛。對觀光客而言，姬路市只要認識這一條大手前通就很足夠了。

據說岡山還是正宗的桃太郎的故鄉喔！當地還有桃太郎的廟宇可以參觀，另外，岡山相傳也是日本武士代表人物宮本武藏的故鄉，想不到岡山其實也這麼豐富有趣吧！

桃太郎の祭ずレ
人氣第一桃太郎

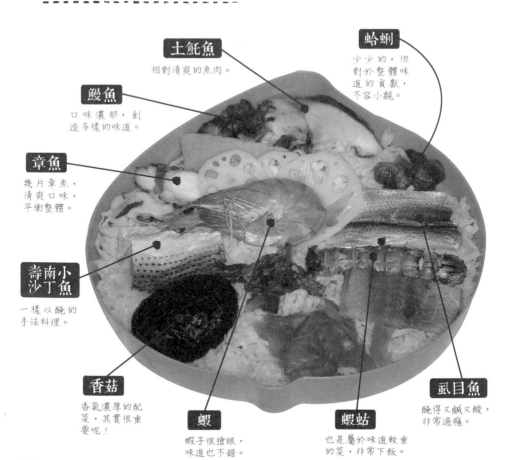

土魠魚
相對清爽的魚肉。

蛤蜊
少少的，但對於整體味道的貢獻，不容小覷。

鰻魚
口味濃郁，創造多樣的味道。

章魚
幾片章魚，清爽口味，平衡整體。

壽南小沙丁魚
一樣以醃的手法料理。

香菇
香氣濃厚的配菜，其實很重要呢！

蝦
蝦子很搶眼，味道也不錯。

蝦蛄
也是屬於味道較重的菜，非常下飯。

虱目魚
醃得又鹹又酸，非常過癮。

桃太郎！便當！看到這個名字，又知道是岡山站第一名的便當，第一時間以為我會看到一個桃太郎造型的便當，結果並沒有這麼「搞剛」啦！就是個很桃子形狀的粉紅色便當，外面還有著桃太郎的圖案而已，讓我一開始懷著是否空有外表的半信半疑心情。

雖然半信半疑，但是吃了幾口之後，發現這個便當還不錯吃，各種味道雖然都頗強烈，但是搭配得剛剛好，如果閉上眼睛，這個便當又鹹又酸，配上白飯，味道非常豐富。有淡口味的清爽魚肉，加上下飯的漬物，在味道的搭配上很是精采。除此之外，塑膠外盒還可以帶回去紀念，是個好看又好吃的便當。

試吃報告

❀Sunny

米飯：沒有調味的米飯，正好像是張空白畫布，搭配各種便當裡的食材，都能突現美味。

主食：剝殼的蝦蛄和上方2片醃魚，酸味下得很重，又鹹又酸，很是過癮。

配菜：菜色豐富的配菜，最上方蒸魚清爽，香菇、筍子也都調味清淡，鰻魚也是屬於淡口味，但是貝類和其他漬物又是下飯的好料。

❀大麥可

粉紅桃子形狀，即便不吃看了也很歡樂，菜色和飯都搭配得很好，是一個內外兼備的便當。

便當小檔案

發售店家：三好野本店
價格：￥1000
類型：壽司便當
Sunny 評等：★★★★

いいとこ雞弁当

在地的雞肉多樣料理

蒸雞肉
吃得到腿肉的Q彈。

雞肉照燒
照燒醬讓雞腿肉更多汁。

鹽燒雞
比較可惜的是，稍為太乾了點。

炸雞
雞唐揚不柴，很好吃。

這款雞肉便當，從外包裝標示上可以發現，使用了岡山地雞與備中森林雞2種雞肉，然後再分別做成4種雞肉料理，當初想到要做這便當的人，一定是真心愛吃雞肉的，否則怎麼會想出在一個便當裡呈現4種雞肉料理的巧思呢。

4 種雞肉料理，分別有 2 片鹽燒、清蒸雞肉、照燒以及常見的雞唐揚。還好，這個便當的雞唐揚並沒有讓我失望，因為之前曾經吃到很乾柴的雞唐揚，難免會有一點點小介意。

這是幾天來吃到比較滿意的，肉質和口味都還不賴，照燒雞和清蒸雞肉的因為都是使用腿肉，也有不錯表現，唯獨鹽燒的太乾，很柴令人失望，下面鋪的是茶漬飯，吃起來一般般，是個不上不下，剛好中間評價的便當。

試吃報告

❀Sunny

米飯：無特別突出之處。

主食：雞唐揚肉質口感和味道都很不錯，選擇腿肉做的照燒口味和蒸口味，吃得到腿肉的彈性與多汁，但唯獨鹽燒口味對我來說，有點太乾了。

配菜：幾乎沒配菜，這也是日本便當的特色之一啦！

❀大麥可

我對於雞肉沒有感情，吃起來都一樣，真是不好意思了。

便當小檔案

發售店家：三好野本店
價格：￥950
類型：肉類便當
Sunny 評等：★★★

163

SUNNY 推薦
消熱量獨特景點！

後樂園

日本人真的很愛排名，什麼都要拿來排一排。就像這個後樂園，就和金澤的兼六園，水戶市的偕樂園一起稱為日本三大名園。雖然如此，也別認為有太誇張的造景，就是個標準的日式庭園，有假山、小池塘、整片的櫻花林和梅花林等，但是仍維持著江戶時代的感覺，非常靜雅，可以慢慢體會當時人的美感和想要表達的生活方式。

瀨戶大橋

瀨戶大橋是從岡山縣倉敷市一直連到四國坂出市，跨越瀨戶內海的橋，但它並不是一座橋，而是連接 5 個島，共 6 座橋的總稱。全長達到 13.1 公里，橋的建築方式也不盡相同，有的是吊橋，有的是衍架橋，還有斜張橋。所以整個橋樑群相當壯觀。

而瀨戶大橋分為 2 層，上層是車行的高速公路，下層則是火車專用，也是全世界最長的鐵公路兩用橋梁。當初建造的技術相當困難，花費的時間和金錢都相當可觀。時間充裕的話，可以好好欣賞。

桃太郎的故鄉

有人不知道桃太郎嗎？但是有人知道桃太郎的故鄉嗎？雖然日本有 25 個縣市號稱自己是桃太郎的故鄉，但其中最為一般大眾認可的桃太郎故鄉，正是岡山市。

岡山縣內還有個桃太郎廟，叫做吉備津神社，裡面還養著當初被桃太郎收伏的魔鬼，提供給香客問卜解惑。只是不曉得他的管轄有沒管到台灣來？不管桃太郎是個傳說還是真有其人，能夠有機會到他的故鄉看看，順便複習一下這個可愛的故事，再吃個桃子盛典便當，來趟桃太郎尋根之旅，也不錯。

清水白桃

岡山自古以來就是大糧倉，生產的稻米、蔬菜和水果都特別香甜，尤其以水蜜桃和葡萄聞名全日本。水蜜桃最出名的就是清水白桃了，果肉白嫩、汁多甜美，在日本不論產量或是受歡迎程度都是數一數二的喔！吃便當之餘記得留點肚子給清水白桃。

身為全世界第一個遭受到原子彈轟炸的城市，不但順利的從戰爭中重生，更留下證據提醒著這個世界。另外整個宮島就像個桃花源，有著親人的可愛梅花鹿，美麗的景色與海相連獨特設計的神社，都讓人不虛此行。

瀨戶海の海老と鯛そぼろ弁当

粉嫩色的美麗便當

燒玉子

通常是配角的玉子燒，現在可是點綴便當的大將。

蝦鬆

蝦子的鮮甜，在咀嚼中散發出來。

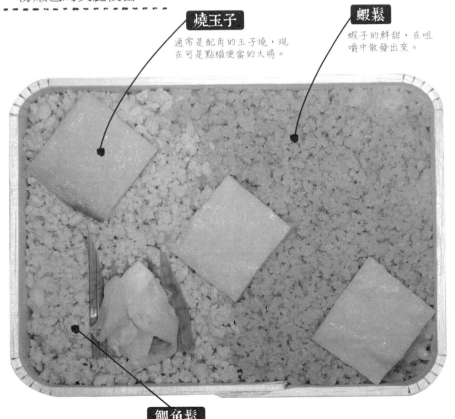

鯛魚鬆

沒有炒的太乾，也有魚的美味。

會選這便當來吃，完全是被它外貌吸引住，讓即使不在名單上的它，硬是被我買了下來。便當上用鯛魚鬆和蝦鬆兩種食材漂亮的顏色各半地鋪了滿滿的一層，幾乎完全看不到飯的豪氣，再從便當盒的對角線上，放上3塊方形的玉子燒，粉色無敵，真的是很美麗的搭配呢！

但是如果你以為，這個便當就是這樣，那真的就是太「以貌取便當」了，這個便當也是挺有內涵的，因為鋪在鯛魚鬆和蝦鬆底下的飯，是雙層的，不只是平淡無奇的一盒白飯，還混搭了一些茶漬的瓜類和海苔，是不是一個有外表也有內涵的便當呢。

試吃報告

❀Sunny

米飯：被覆蓋著的米飯，在海苔和茶漬瓜類的搭配下，有一點點在吃高級版三島香鬆的感覺，讓人就算只吃飯的話也不無聊。

主食：鯛魚鬆與蝦鬆，並沒有炒到乾柴，除了兼顧口感，也保留了海鮮的鮮美，非常好吃。單獨和飯混著吃，或是將2種鬆一起入口，都有不同美味感受。

❀大麥可

便當盒子非常厚，有種可以當泡澡的舀水的木盆使用的感覺。加了海苔的飯，讓人有一種在台灣吃早餐的錯覺。

便當小檔案

發售店家：廣島車站便當
價格：￥1100
類型：海鮮便當
Sunny 評等：★★★

ミルフイーユ カツサンド
冷了還是超美味

六穀豬排
略甜的口味，肉質軟嫩好咬。

吐司麵包
口感非常鬆軟，和豬排非常搭。

廣島站除了鰻魚飯這個便當明星之外，還有豬排三明治便當。豬排三明治相信大家也不陌生，在台灣有些豬排專賣店，會在中午推出這種方便進食的便當。對於炸豬排的要求，我想大家也都能略知一二，外皮的酥脆，內層豬肉的軟嫩或咬勁等等，相信每個人都有自己的見解，但是，對我來說，最大的挑戰是，這個便當是冷的。

我腦海裡冒出的是，冷掉的炸衣，會不會有油味，會不會軟軟的沒有口感，哎呀！想著想著差點咬不下去呢。不過當我排除既定成見，咬下一口的時候，我又想對日本人敬禮了。鬆軟的吐司，冷掉之後一點油膩感都沒有的豬排，讓我大吃一驚！

好想知道日本人到底怎麼辦到的，便當等級的炸豬排，可以讓人一點討厭的感覺都沒有，一邊吃我還一邊想著，這個很順口的便當，不管當哪一餐，早餐、午餐、甚至是下午茶，都一點也不奇怪啊！

 試吃報告

❀Sunny

吐司：非常鬆軟，和炸過的豬排搭配起來，口感的
　　　層次非常明顯。

豬排：即使冷了也沒有油味的炸豬排，口味略甜，
　　　肉較軟嫩好咬，非常讓人驚豔。

❀大麥可

較重的鹹味和濃濃的醬料味，再加上一杯飲料，就
是一個非常完美的早餐了。只是，為什麼要放假的
葉片啊？！

便當小檔案

發售店家：廣島車站便當
價格：￥680
類型：肉類便當
Sunny 評等：★★★★

夫婦あなごめし
物美價廉超人氣

星鰻
大大的兩片鰻魚，
既好看又好吃。

廣島醃菜
也算是廣島的
名產喔！

醬油飯
和鰻魚非常搭配。

鰻魚骨酥
極為爽脆的口感。

穴子飯對台灣人來說並不陌生，其實就是鰻魚飯啦！在台灣好吃的鰻魚飯總是讓人趨之若鶩，因為鰻魚不只是四季皆宜的強身好物，料理的好的話，更是讓人回味再三，當然來到鰻魚飯的故鄉，日本，怎麼可以錯過鰻魚飯便當呢！這個便當，是廣島站的人氣便當，能夠用這個價錢買到，其實已經有點小驚喜了，打開盒蓋，如包裝上

寫著夫婦二字，有 2 份鰻魚，把飯舖得滿滿的鰻魚，這樣的價錢搭配上這樣的內容，不得不說這個便當超級有誠意的。

不過，這個便當的鰻魚飯味道不像在台灣吃得那麼重，來得淡一點，也貼心地附上醬包，可以隨個人喜好調整口味。有了這麼搶戲的主角，配菜則是簡單搭配上醃菜與炸魚骨 2 項，不過，在滿口鰻魚的美味之餘，完全不覺得少少的配菜有什麼不妥喔！愛鰻魚飯的人，千萬不要錯過。

試吃報告　❀Sunny

米飯：被鰻魚蓋得滿滿的米飯，多少沾了點鰻魚的醬汁，但是在鰻魚面前，米飯的感受，嗯，完全沒有戲份，但也沒有壞印象就是了。對了，附的醬包淋在飯上吃，也非常美味！

主食：大方的 2 片鰻魚，口味較淡，但是依然軟綿，依舊香氣十足，不習慣的人，再淋上點醬汁，不死鹹，甜甜的更添美味。

配菜：有當地出名的醃菜與炸魚骨，爽脆的炸魚骨，更是在品嘗鰻魚軟綿口感之餘的小小驚喜。

❀大麥可

鰻魚真的好大！軟綿鰻魚加上脆脆魚骨，堪稱這個便當的兩大天王！

便當小檔案

發售店家：ひろしま站便當
價格：￥1050
類型：海鮮便當
Sunny 評等：★★★

穴子飯

老字號極品星鰻飯

蒲燒星鰻

帶點炭燒味,很
不一樣。但是,
相當美味。

魚骨湯醬油飯

沾了鰻魚美味的米飯,味道不錯。

說起鰻魚飯，我想應該大家都有自己的口袋名單，講起哪一家鰻魚飯好吃，也一定都可以說得頭頭是道。不過來到，鰻魚飯的故鄉－宮島，幾乎每一家餐廳都在賣穴子飯和烤牡蠣，這下要找出最厲害的，可得花一點時間了！但是，這次的目標是便當，不能分心！決定在 JR 宮島站內逛來逛去，幾番尋找後，鎖定了這個復古版的穴子飯便當。

這個便當看起來平凡樸實，就是醬油飯上鋪上滿滿的小塊鰻魚，乍看之下極為普通，但是啊，一吃進嘴裡，就知道這個便當有多麼不同凡響了。鰻魚處理的口味偏向炭燒味，比平常吃慣的口感要稍微乾一點點，反而有一種新鮮感，越吃越有復古味，尤其在宮島看著大鳥居吃著這個便當，頗有懷古之幽情啊！

試吃報告

❀Sunny

米飯：味道不錯。

主食：鰻魚並非醬料很多很軟滑的口感，反而帶點炭燒味道，越嚼越香。

配菜：幾片醃蘿蔔，幾乎沒有存在感。

❀大麥可

鰻魚的香味和嚼勁都屬上等，也沒有便當放久了以後不好的味道，很值得一吃。

便當小檔案

發售店家：宮島站上野
價格：￥1470
類型：海鮮便當
Sunny 評等：★★★★

SUNNY 推薦
消熱量獨特景點！

廣島平和紀念資料館

如果你因為現在的廣島市的欣欣向榮，而無法想像二次大戰時原子彈所造成的傷害，歡迎到廣島平和紀念資料館來走一趟。這是個相當令人心情沉重的博物館，裡面展示著當時所能留下來的少數遺跡，因為絕大部分都直接化成灰消失了。一層樓展示著這段歷史，以及對當時為何決定將原子彈投擲在廣島的原因，另外一層樓用展示品讓你想像爆炸的威力有多大，用這段歷史來向世界呼籲和平的重要。

時間：8:30～18:00（12月～2月營業時間至17:00；8月至
　　　19:00）；12月29日至1月1日
票價：￥50

電話：0829-44-2020
地址：廣島縣廿日市市宮島町1-1
時間：嚴島神社06:30~17:00
　　　豐國神社08:30~16:30
票價：嚴島神社全票￥300、學生￥100，豐國神
　　　社，全票￥100、學生￥50
※ 全票高中以上，學生票國中、國小學生

嚴島神社

是一座蓋在海上的神社，在全世界大概都找不到了。最出名的風景便是位在海上高達16.8公尺的紅色大鳥居.退潮時可以走到鳥居下，好好欣賞。但是通常觀光客比較偏好漲潮時欣賞站在海中的鳥居。另外，嚴島神社本身建築也有相當有特色，例如：平舞台和能舞台，運氣好的時候還能看到最出名的表演「蘭陵王入陣曲」，此外，迴廊、正殿和五重塔都很值得一看。

廣島燒

知道廣島燒和大阪燒有什麼不同嗎？簡單一句話說明，就是有沒有加麵進去炒而已。廣島燒因為操作比較困難，通常都是師傅在鐵板前煎，客人趁熱吃。店的布置有點像台灣的鐵板燒，師傅把料和麵皮先堆高高煎好之後，再加上炒麵和蛋，再整個堆好送到面前來。吃起來完全不像大阪燒黏呼呼的口感，反而是脆脆的，有一點點像什錦蚵仔煎加炒麵，來廣島一定要吃的啊！

PS. 宮島口車站往渡輪
方向有個隱藏景點喔！

宮島

自古便和松島、天橋立並列為日本三景的宮島（日本人真的很愛排名），從宮島口車站轉搭渡輪只要 10 分鐘便可到達，交通十分便利。但是你可別以為島上只有嚴島神社，宮島上還有著相當多景點值得一看。例如：有賞楓勝地，紅葉谷公園，還有彌山可登高，更有西日本最大的水族館。更別提熱鬧的商店街賣著各式和果子以及廣島特產牡蠣。想要享受宮島的悠哉，建議住上一晚慢慢體驗。

原爆圓頂館

原爆圓頂館，原本是廣島縣產業獎勵館，當爆炸發生當時，爆炸附近的建築物全部瞬間被夷為平地。唯有這棟奇蹟般的撐了下來，但是僅剩鋼筋的屋頂和塌了一半的外牆，歷歷在目的提醒我們戰爭的慘烈以及和平的重要，因此被列為世界遺產，也同時成為廣島市的象徵。

小倉是一個小小的城市，夜生活不多，但是仍然有座漂亮的古城，還有美術館、常盤橋、長崎街道起點、八幡神社等等，而且景點之間都很接近，完全可以以步行的方式漫遊其中。

雞檸檬
すてーき弁当
清爽宜人的雞肉便當

地雞
檸檬口味的烤雞，清爽好吃。

蛋絲
不只均衡味道，也擔任裝飾的角色。

橘子
能讓你想起雞肉美味，很神奇。

檸檬
喜歡的話，擠點檸檬汁在雞肉上吧。

日本便當還有一個有趣的觀察，要不是配菜無敵多，就是只有一種主菜，配菜完全是配角中的配角。這個雞檸檬便當便是後者，讓主角雞肉佔據了整個舞台。不過，用檸檬調味的雞肉，的確少見於便當之中。

雞腿肉可想而知 Q 彈的口感是一定有的，在味覺的呈現上，主菜用了檸檬，其他的配角也延續了這個味道，2 片小小的橘子，就像是回應檸檬的味道一般，讓你在最後的橘子酸甜中，回想起檸檬雞肉的美味。

試吃報告

❀ Sunny

米飯：有調味過的米飯，能和主菜完美搭配，不突兀。

主食：微酸帶著檸檬香味的調味，大大減低了雞腿肉油膩感，皮上還帶薄薄一層的膠質凍，清爽好吃。

配菜：蛋絲是日本便當裡常見的配菜，不只均衡味道與口感，也很美觀。另外，那 2 小小片微酸的橘子，和主菜的調味搭配起來，讓人心裡直呼，夏天的滋味就是這樣了吧！

❀ 大麥可

雞肉吃起來清爽，蛋絲和米飯簡直是絕配，但是 Sunny 讚不絕口的橘子，我完全無法再吃第二口。

便當小檔案

發售店家：北九州
價格：￥880
類型：肉類便當
Sunny 評等：★★★★

大名道中
駕籠かし
江戸時代長崎街景入菜

炸魚排

可惜炸粉有點太多了。

蝦

味道普通。

配菜

各項配菜和其它便當比起來，毫不遜色。

炸雞

調味再重一點，就更好了。

雞肉鬆

雞肉吃起來不柴，很不錯。

蛋絲

為便當增色不少呢。

海苔絲

日本人善用食材顏色來創造便當視覺的功夫，真的很厲害。

這個仿景便當是小倉站的人氣便當第 2 名，但是，為什麼我們買第 2 名呢？因為第一名的人氣便當，內容物看起來幾乎和這個便當一模一樣，而且只有一層，菜的種類也較少，所以最後決定直接買這個雙層的便當來試吃。

這個便當是以重現江戶時代長崎街道的擺設為主題，在日本，真的到處都有以景色來做便當的仿景便當。但是，明明在小倉，為什麼會出現長崎街道便當呢？原來所謂的長崎街道，是古時候特別開闢的一條路，這條路以小倉為起點，終點位在長崎。沿途有吃有住，不怕餐風露宿，所以小倉才會賣這個便當。

 試吃報告

🌸 Sunny

米飯：普通，無特別之處。

主食：雞肉鬆吃起來還不錯，不柴也很有風味。蛋鬆就比較普通了。但是雞唐揚和炸魚，完全是敗筆。雞唐揚無味又好硬，魚肉小小一塊卻裹了大三號的粉，一整個粉肉分離，這 2 個炸物真是不加也罷。

配菜：佃煮的小菜，和其他便當比起來，都不遜色。

🌸 大麥可

包裝很賞心悅目，份量讓人很有飽足感的便當，魚排真的太乾了，其他的都還 OK。

便當小檔案

發售店家：東筑軒
價格：￥1000
類型：仿景便當
Sunny 評等：★★

充滿趣味的沿途小風景

有趣的店家

其實台灣和日本，都是黑髮黃種人，雖然語言不同，但是又有部分漢字可以相通，所以有趣的地方就來了，同一個字在不同的文化有著不同的解釋，因此路上的招牌，就變得相當有趣了。此外，日本消費文化豐富多元，幾乎可以滿足各種族群，光是看著各種型錄，就讓我忍不住笑呵呵，實在太豐富有趣了。

狗狗具有療癒的功效，而且不會背叛，失戀者的大歡迎啊屋！

很直白，但也保證絕對不會點錯菜，一定可以吃到想吃的神戶牛！

這些字，真的讓人看的有點心驚驚，還好，我還年輕！

180

不必見到眼科醫師就可以順便量一下視力，真貼心。

雖然知道是個嚴肅的議題，但還是忍不住來演一下。

這個藥名，看起來好強大。讓人想多買幾罐來走跳江湖。

旅遊服務中心的告示，直接區分語言出來，方便各國旅人。

女孩們看過來，瞧一瞧男公關們的廣告，好復古的姿勢啊！真的會有女客上門嗎？

九州新幹線

大口吃下南方島嶼的熱情

陽光灑滿的鹿兒島，
不只有歷史、名城值得探訪，
來份薩摩街道便當，宛如穿越到江戶時代。
別忘了，在地的黑豚豬肉，也在跟你招手。
南方的熱情，吃一口便當就能完全體會。

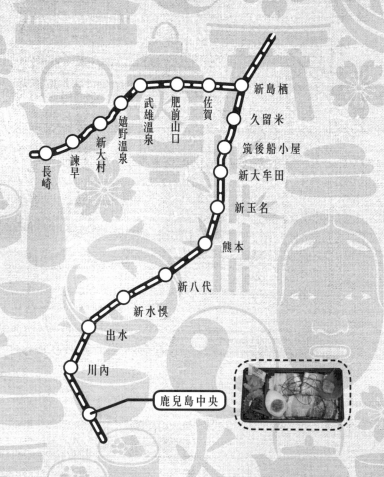

新島栖

久留米

佐賀

筑後船小屋

肥前山口

新大牟田

武雄温泉

新玉名

嬉野温泉

熊本

新大村

新八代

諫早

新水俣

長崎

出水

川内

鹿兒島中央

和其他的新幹線比起來，九州的新幹線班次少了許多，不像山陽新幹線，幾乎都是從第一站跑到最後一站。九州的新幹線，最長距離是從新大阪到鹿兒島，另外還有博多到熊本或鹿兒島，更有熊本到鹿兒島的路線。如果從鹿兒島一班車到大阪，1個小時約莫一班車而已，但是如果到博多，除了吃拉麵，車次也會較多喔！安排行程的時候，建議把車次也考慮進去。

值得一提的是，九州新幹線這有個很獨特的車款：800系的燕號。和一般的新幹線截然不同，座墊是織花布，座椅則是用樟木製成，地上用的是類似磁磚的拼貼設計，最讓人訝異的莫過於他的遮陽簾竟然是竹簾！如果說要我選出最具和風及最有特色的新幹線，我想這800系當之無愧。可惜的是他只行駛於九州的範圍，想一睹廬山真面目的人得跑遠點喔！

鹿兒島擁有許多出名的島嶼,如被列為世界自然遺產的屋久島,另外與櫻島火山比鄰而居,而擁有溫泉呢!鹿兒島人個性比較親切而爽朗,再加上美味的黑豚,組成了鹿兒島的獨特魅力。

鹿兒島黑豚
角煮弁当
當地名產不吃可惜

半熟蛋
也吃得到醬香的半熟蛋,太迷人了。

鹿兒島黑豬肉
雖然是肥肉,但卻不油膩,越吃越香。

到鹿兒島，就會看到四周不停的出現「黑豚」、「極黑豚」的字樣，每個招牌都像是在跟我招手說：「選我！選我！」當然出發前，做了功課，也早已經決定要嘗一嘗黑豚便當了，所以經過了足以睡一覺的火車路程後，醒來抵達鹿兒島，「黑豚便當」這4個字自動跳出來，在我腦海裡不斷重複播放。

長方形的便當外型，裡頭裝著大塊的豬肉，以及幾項配菜，角落的半熟蛋，看起來頗吸引人。不覺得看起來，有點像台灣常見的控肉便當嗎！但如果說要以控肉便當來比較的話，這個便當的肉嘗起來比較不油膩，而且，在台灣要我想像吃冷的控肉，簡直無法想像，無法置信的事情，但是，在鹿兒島，我吃到了一個冷的控肉便當，而且，好好吃！

試吃報告

❀ Sunny

米飯：略乾，並無特別驚喜之處。

主食：煮得非常入味的肥滋滋的豬肉，不像台灣那般油膩，味道也比較清淡，但是，越吃越讓人回味。一旁的味增醬和醬油包，也很建議淋在肉上。

配菜：那顆半熟蛋，真是深得我心啊！半液體半固體的蛋黃，一樣有著清淡的醬香，好吃！

❀ 大麥可

大塊的肉，非常滿足！長方形的便當，好拿不費力。

便當小檔案

發售店家：萬來
價格：￥1050
類型：肉類便當
Sunny 評等：★★★★

薩摩街道弁当
需要慧根才懂的便當

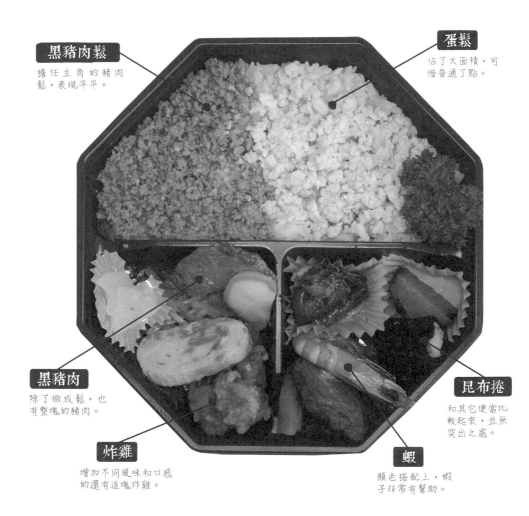

黑豬肉鬆
擔任主角的豬肉鬆，表現平平。

蛋鬆
佔了大面積，可惜普通了點。

黑豬肉
除了做成鬆，也有整塊的豬肉。

炸雞
增加不同風味和口感的還有這塊炸雞。

蝦
顏色搭配上，蝦子非常有幫助。

昆布捲
和其它便當比較起來，並無突出之處。

在日本有一類的便當為仿景便當，多半是將街道或是名勝呈現在便當內，透過不同食材顏色上的搭配，或是便當形狀的輔助，來讓人打開便當，就彷彿看到舊時街道，或是美麗的風景一般。

我在鹿兒島除了買了黑豚便當之外，就選擇了這個街道便當，便當的陳設是以櫻島火山和鹿兒島古時候的街景為藍本。不過呢，除了飯的部分勉強看得出來像櫻島火山，街景的部分我就真的沒有天分了！（大家看得出來嗎？）

回到便當本身，這也是屬於菜類多樣化的便當，各種佃煮蔬菜，加上雞唐揚，還有飯上的蛋鬆和肉酥，數一數也有個十來樣，再度呈現了日本人對於做便當的執著。

 試吃報告

🌸Sunny

米飯：非常普通，無特別之處。

主食：豬肉鬆和蛋鬆算是主食了，但是以目前吃過放有各式鬆類食材的便當比起來，表現就很普通了。

配菜：眾多配菜之中，唯一令人驚豔的，就是那一小口蜜地瓜了。尤其當吃到最後時，當作甜點一口咬下，是個很好的 ending。

 大麥可

我這沒有慧根的人，根本看不出來街道在哪裡。

便當小檔案

發售店家：萬來
價格：￥945
類型：仿景便當
Sunny 評等：★★★

SUNNY 推薦
消熱量獨特景點！

鹿兒島娛樂廣場

這個娛樂廣場，就位在鹿兒島新幹線車站的旁邊，遠遠的就可以看到一座巨大的摩天輪，有點像是台灣的美麗華百貨，這裡也是鹿兒島年輕人的娛樂中心，除了有吃有玩，有得逛以外，有時間的話，記得搭上摩天輪，一覽鹿兒島的市區全景喔！

鹿兒島水族館

可別小看這個水族館，它可是九州最大的水族館，就位在櫻島渡輪碼頭旁。館內著重在介紹鹿兒島以及其周遭島嶼的海洋生物，最有趣的是，館內不但有海豚表演，在和渡輪碼頭相連的橋邊戶外區域，每天也有 4 場免費的海豚表演可以看喔！在前往櫻島的同時，可以留意一下海豚表演的時間，來和可愛的海豚近距離接觸。

時間：9:30 至 18:00
休息日：12月的第一個星期一和接下來的三天
門票：￥1500

櫻島渡輪

到了鹿兒島，怎能錯過櫻島？櫻島和鹿兒島市的距離非常近，本來還以為是搭類似旗津或是淡水那種接駁船到島上。沒想到一到渡輪港口，才知道自己錯的離譜，這可是有好幾樓高的渡輪呢！下層是供車輛直接開上前往，上層是客艙，短短10分鐘左右的航程，渡輪裡面還提供各式餐飲服務，端碗麵到最前端的景觀位置吃，也是種平價的美好體驗。

渡輪時間：24HR
票價：成人￥150, 兒童￥80

櫻島火山

櫻島火山是一座距離鹿兒島市僅4公里的海上火山島，而如你我這般遊客，要認識櫻島火山的最佳起點，就是這個迷你博物館了。不只介紹許多火山的知識，最特別的是入口處還有每天標明每年的累計噴發次數，以及昨日噴發次數。所以這裡大概是想親眼看火山噴發的最佳景點了。

火山足湯

有火山就有溫泉，這裡提供免費足湯供遊客歇歇腿。在活潑的火山腳底下，泡著熱呼呼溫泉水，眼前是鹿兒島市景和一片湛藍海洋，也是另外一種泡湯獨特體驗。

便當拍攝幕後直擊

大麥可，你辛苦了！

這趟日本鐵道便當行，除了吃了好多便當之外，最重要的任務就是要留下照片和大家分享，肩負攝影的重責大任的大麥可，發揮出隨處可拍攝的超強功力。

好一點的環境有飯店房間內或大廳，戶外拍攝也常常有，尤其是在月台上，最強的就是連路邊的樓梯，矮柱頂端大麥可都能如入無人之境的專心拍攝。而我最愛的一張，就是在美麗的宮島大鳥居前拍攝便當的場景，這一輩子能有幾次這種經驗呢，你說是不是。

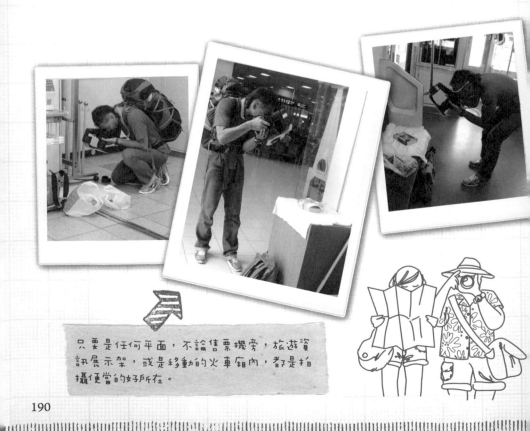

只要是任何平面，不論售票機旁，旅遊資訊展示架，或是移動的火車廂內，都是拍攝便當的好所在。

190

人來人往的月台，是
我們最常拍攝的地點。

馬路邊，階梯上，
也是拍攝場景喔！

雖然偶爾引人側目，但是我
們完全沒有被任何人打擾，
要是在台灣，一定會有人
跑過來詢問的。

在這麼美的世界遺產前，
我們仍舊是在拍便當！

U&S 叔叔與妹妹
" Uncle and Sister "

Happy Everyday

粉絲頁・部落格・線上購物

🔍 U&S叔叔與妹妹　Search